论道

陈雪 主编

中国矿业大学出版社

图书在版编目(CIP)数据

论道 / 陈雪主编. —徐州:中国矿业大学出版社,
2018.6

ISBN 978-7-5646-3870-2

Ⅰ.①论… Ⅱ.①陈… Ⅲ.①江苏师范大学—教师—
访问记 Ⅳ.①K825.46

中国版本图书馆 CIP 数据核字(2017)第 323993 号

书　　名 论　道
主　　编 陈　雪
责任编辑 夏　然　侯　明
出版发行 中国矿业大学出版社有限责任公司
(江苏省徐州市解放南路　邮编 221008)
营销热线 (0516)83885307　83884995
出版服务 (0516)83884895　83884920
网　　址 http://www.cumtp.com　**E-mail**:cumtpvip@cumtp.com
印　　刷 徐州市今日彩色印刷有限公司
开　　本 787×960　1/16　**印张** 16　**字数** 230 千字
版次印次 2018 年 6 月第 1 版　2018 年 6 月第 1 次印刷
定　　价 38.00 元
(图书出现印装质量问题,本社负责调换)

序言

江苏师范大学党委书记 **华桂宏**

“教师是人类灵魂的工程师，承担着神圣使命。传道者自己首先要明道、信道。”习近平总书记对高校教师提出了明道、信道、传道的新要求。明道，即深刻认识和把握事物存在发展的普遍规律与本质特性；信道，即坚定共产主义远大理想和中国特色社会主义共同信念；传道，即努力传播先进思想文化、科学文化知识、中国特色社会主义理论与党的各项方针政策。从明道、信道再到传道，总书记为高校教师如何立德树人指明了方向。

这本《论道》，就是我校教师积极探索、践行新时代高校教育工作者为人、治学、为师之道的宝贵总结。《论道》自开始征集文稿，全校教师积极响应，精心撰写投稿。从率先垂范以德立身施教，到分享读书治学心得，再到畅谈创新对科研的重要意义……《论道》堪称师大人立身治学、教书育人的精神富库，是师大师德建设的重要成果，也是我校校园精神文化的凝聚传承。这些文章先是在《江苏师范大学报》四版连载刊发，后又在我校关心下一代工作委员会网站上集中发表，在学校广大师生中引起良好反响，老师们以德立身、以德立学、以德施教，为师大学人锤炼品格、学习知识、创新思维、奉献祖国做出示范，为青年教师育人从教树立了榜样，也为青年学生成长成才树立了典范。

序言

如今，《论道》出版在即，凡六十篇，十四万字，这部度人金针、授人以渔之作将继续为更多的师大学人提供宝贵的治学从教指导和借鉴经验。这是我校“学高为师，身正为范”传统师范精神的薪火相传，是我校师德建设成果的进一步固化，也是我校思想政治工作建设成果的持续放大。

2014 年 5 月 4 日，习近平总书记到北京大学考察，在参加师生座谈会时指出，古人说：“大学之道，在明明德，在亲民，在止于至善。”总书记借此表达对我们的“大学”出“大人”的期待，无谓官职、只论品性的“大人”，是品格上的君子，是学业上的才俊，是心理上的成人，是国家的真正栋梁。如何明道、信道、传道，从《问道》到《论道》再到《弘道》，江苏师大以系列丛书的形式交上了自己的答案。

《问道》《论道》《弘道》三本书一脉相承，各有侧重。《问道》记录我校举办的“咖啡时光·教授有约”系列活动，以“教授微语录”的形式呈现，是通识教育的别样展现，也是师生精神上碰撞出的火花。《弘道》收录《江苏师范大学报》近年来对我校优秀教师的系列采访通讯，该书将“讲师大故事，塑师大榜样”作为编写原则，从科研一线到三尺讲台，从文化传承到反哺社会，处处都能看到师大典范。从《问道》的“微语录”中，师生面对面相与探源析理；到《论道》中，老师们寄意篇籍，笔墨交心青年学子；再到《弘道》里，老师们身体力行，知行合一，可以说这套系列丛书，多方位展现了师大聚焦立德树人总目标的“三全育人”工作大格局和取得的显著成效，同时也彰显了师大结合自身定位和优势，大力培育先进校园文化，以文化人的丰富形式和优势成果。

用真理的力量感召学子，用优秀的文化感化学子，育人育心，成人立人，为建设高水平、有特色、有品位的综合性教学研究型大学提供坚强思想保障、强大精神动力、丰润道德滋养和良好文化条件，《问道》《论道》和《弘道》系列丛书的出版就是江苏师范大学致力提升思想政治工作质量的最好实践和见证。希望更多师大学人能够从书中汲取前行力量，爱国、励志、求真、力行，切实做到有执着的信念、优良的品德、丰富的知识、过硬的本领，成为社会主义建设者和接班人，不辱时代使命，不负人民期望。

是为序。

目录

目　　录

目录

目录

治学的根本在创新

李成蹊

治学之道甚多，而其根本在创新。创新是治学的灵魂。假如失掉这个灵魂，便谈不上什么治学了。

现在，我先举一个例子来说明。

我国古代有一首长诗，题为《古诗为焦仲卿妻作》，作者为无名氏。郭茂倩《乐府诗集》载此诗于《杂曲歌辞》，题为《焦仲卿妻》，称“古辞”，并说：“《焦仲卿妻》不知谁氏之所作也。”现在一般人取此诗首句，名之为《孔雀东南飞》。

诗中有这几句：

入门上家堂，进退无颜仪。阿母大拊掌，不图子自归：“十三教汝织，十四能裁衣，十五弹箜篌，十六知礼仪，十七遣汝嫁，谓言无誓违。汝今何罪过，不迎而自归？”

清代学者纪容舒《玉台新咏考异》谓：“‘誓违’二字，义不可通，疑是‘諐违’之讹。‘諐’古‘愆’字。”这种改字来解释，并没有什么依据，根本不可信。但是丁福保、闻一多、于冠英等学人皆采用此说，不知何故此？

“誓违”二字是动宾结构的变式，其常式当为“违誓”。“违誓”谓违背约束也。黄节说：

《说文》:“誓”,约束也,《孟子》:“女子之嫁也,母命之曰:‘往之女(汝)家,必敬必戒,无违夫子。’以顺为正者,妾妇之道也。”“无誓违”谓无约束也。当是用《孟子》义。

黄氏说:“无誓违谓无约束也。”这样来解释是可取的,完全正确。

从这一实例,既可以看出古汉语的句法结构有常式与变式的不同:“誓违”是动宾结构的变式,其常式则是“违誓”也。同时,又可以知道解释这类语句,对其变式也应该用常式来解释它,才易于获以正确的解释。

古汉语里还有这类变式句型之例。如:

(1) 肉食者鄙,未能远谋。(《左传·庄公十年》)

(2) 大天而思之,孰与物畜而制之。(《荀子·天论》)

(3) 夏桀之常违兮,乃遂焉而逢殃。(屈原《离骚》)

上三例“肉食”“物畜”“常违”都是动宾结构,“食肉”“畜物”“违常”的倒置,而为其变式也。

知“正”与“变”,对句意的理解至关重要,而用其变式者,则是一种修辞性较强的说法。

治学要有创新的精神,此其一例也。

现再举一例说明之。

唐代文学家柳宗元写有名篇《封建论》,其中有这几句:

周有天下,裂土田而瓜分之,设五等,邦群后。布履星罗,四周于天下,轮运而辐集;合为朝觐会同,离为守臣捍城。

上海人民出版社1974年版的《柳宗元诗文选注》解释“布履星罗”说:“布,公布。履,脚踏到。罗,罗列。这句意为:诸侯小国在各地像星一样地罗列着。(指人们足迹所到之处,都是诸侯的领土。)"人民出版社 1976 年版的《柳宗元诗文选》解释说:"布履,指诸侯封地的疆域。星罗,像繁星似地罗列。"这些解释,都拘泥字面,扞格难通。

宋代世采堂刻本《河东先生集》谓:"履,作濩,濩,散也。《选》:'声教布濩'。"这样看来,"布履"就是"布濩",也就是"布护""布覆""尃濩"等。这些词都是叠韵联绵词,写法虽然不同,其实是同样一个词,都有遍布或分散的意思,也就是古人所说的"并字异而义同"也。(引见王念孙《广雅疏证》卷六上"逍遥儴徉也"条的疏证)

治学贵有创新的精神,于此可见矣!

教学宜深　治学须透

余明侠

我退休已经多年，近受校方有关部门之嘱，要我写一篇有关自己在教学与治学方面的一些体会，供青年学生参考。盛情难却，遂不揣谫陋寡识，勉成小文如下：

我未退休前，从事历史教学有数十年之久。主要的任务是讲授中国近代史。其中我最感兴趣的课题之一，就是“洋务运动”。根据马克思在《哲学的贫困》中所说：“手推磨产生的是封建主为首的社会”。这是从生产力的发展与生产关系的变化的角度来阐述两种不同社会制度的形成。可以说是一个放之四海而皆准的颠扑不破的真理。因此，我联想到中国近代何时出现自己的蒸汽机。

自从1840～1842年的鸦片战争，清朝政府惨败之后，有识之士深感西方列强在军事武器方面的优越性，远比自诩为“天朝上国”的大清王朝要先进得多。西方列强的“坚船利炮”使得清军望风披靡，毫无招架之力。于是他们就开始了解西方，进而主张学习西方。林则徐是中国近代“开眼看世界”的第一人，《四洲志》就是在这一历史背景下写成的。其友人魏源又进一步加以整理扩充，终于在1842年推出了一部比较全面地介绍西方先进国家政治、军事、经济、文化教育等方面情况的《海国图志》(1842年初刊本为50卷，1852年增为100卷)。这部书明确提出了“师夷之长技以制夷”的观点，也就是说要学习西方列强(夷)之长(船坚炮利)，来抵抗它们对中国的侵略。所以，学习的重点主要放在军事方面。这是因为人们对任何新事物的认识都不可能一开始就明察秋毫、洞察底蕴，而是要有一个由表及里、由浅入深的不断实践和不断探索的过程，才能逐步提高和深化。

《海国图志》的面世，不仅对中国近代洋务运动的兴起起了积极的推动作用，而且东传日本，对明治维新也产生了一定的影响。洋务运动开始的时间，一般定为1861年。因为这一年，清朝中央政府设立了类似外交部的总理各国事务衙门(专管洋务)。之后，又创办了学习外国语言文字的学校“同文馆”，以培养翻译人才。在地方上，曾国藩于1861年在安庆建立“内军械所”，开始研究如何仿制西方的坚船利炮。后来造出了一艘命名为“黄鹄号”的小轮船，尽管它在长江上试航还不够灵活、不够理想，但它毕竟是用蒸汽机发动的，说明中国向西方学习真正迈开了第一步，也标志了中国的蒸汽机时代已来临。

1865年，李鸿章在上海创立江南制造局，专门制造西式枪炮和轮船。1866年，左宗棠创立福州船政局，制造轮船。同时，又设立福州船政学堂，以培养驾驶轮船和制造轮船的专业人才。以后，各地兴办的军事工业如同雨后春笋一般，越来越多。为了解决工业所急需的煤铁等原料，各地又逐步开始兴办各种工矿企业，并由官办扩大到商办。同时，又成立轮船招商局和兴建铁路以解决日趋紧迫的运输问题。随着各项洋务事业的蓬勃发展，为了培养各种专门人才以摆脱处处依靠外国专家和技术人员的困境，于是各种新式学堂又接踵兴办，还不断派遣留学生出国深造。就是在这种情况下，洋务运动遂由第一阶段的

“自强”(侧重于军事)进入第二阶段的“求富”。民营工商业也随之兴起。中国的资本主义在“欧风美雨”的影响下,日渐成长,也使得延续两千多年的中国封建社会开始起了变化。

据上可知,自19世纪60年代洋务运动兴起之后,中国也就慢慢地从“手推磨”的时代转向“蒸汽机”的时代,当然它的转变还不全面、彻底,封建主义的势力仍然很强大。

洋务派的主要代表人物,在清政府中央有恭亲王奕䜣,大臣桂良、文祥等人,在地方上则为曾国藩、左宗棠、李鸿章等人,其中又以李鸿章兴办洋务的时间最久、项目最多,堪称是一个执牛耳式的人物,因而后世对他的议论也最多。上述这些人物均来自封建官僚阶层,“洋务”一词是由“夷务”变化而来。由于他们积极倡办洋务,就被人们称为洋务派。但在当时长期封闭落后的中国,要想引进任何一项西方的新技术、新设备,都是举步维艰、困难重重。因为在清政府内部还有一批地位煊赫、势力强大的封建顽固官僚(即顽固派),他们动辄用“以夷变夏”“背叛”“祖宗之法”之类的大帽子来反对兴办洋务,甚至在上海还出现过已经修好的一条很短的铁路,也在他们以“破坏风水”为名的叫嚣下,又花钱拆掉的事情。这样的论调,在今天看来似乎很可笑,但在一百多年前的旧时代,却是振振有词、很有市场的。

我在充分备课的基础上,在教学时可以很清楚地讲述洋务运动的来龙去脉,使学生留下清晰而深刻的印象。然而如何评价洋务运动及洋务派的历史功过,我却束手无策。特别是在“文化大革命”时期,作为一名历史教师,我只能照本宣科、依样画葫芦而已。

1976年“文革”结束后,我的治学已不仅仅局限于以教为主,而是更上层楼要讲深讲透，真正尽到传道、授业、解惑的责任。因此，我的治学重点就放在科研方面。只有如此，我才能够比较客观地、实事求是地评价洋务运动。我基本上肯定了它在引进西方先进新事物，把封建落后的中国推向资本主义社会的发展道路所起的积极作用。同时，也指出其局限性。对于这一运动的性质，我的看法是：一次在不触及清朝封建政治体制前提下，所进行的涉及军事、经济、文化、教育等领域的改革，具有一定的进步性，这是不能否定与忽视的事实。为了更好地阐述自己的观点与看法，以提高教学质量，于是我就着手深入研究洋务运动。

我利用课余之暇及节假日，先后写了《评价洋务运动必须注意的几个问题》(载于《江淮论坛》1983 年第 2 期)、《关于李鸿章等洋务派任务的评价问题》(载于《华东师范大学学报》1990 年第 6 期)、《留美学生在洋务运动期间的主要建树》(载于《徐州师范大学学报》1997 年第 1 期)、《李鸿章在中国近代矿业上的地位》(载于《社会科学战线》1990 年第 1 期)、《李鸿章和甲午战争前后的铁路建设——兼论洋务运动在甲午战争后的新发展》(载于《江苏社会科学》1994 年第 6 期)、《左宗棠晚年洋务思想的变化及其进步性——从徐州近代煤矿的创建谈起》(载于《学术月刊》1986 年第 10 期)、《洋务运动的历史地位不容忽视》(载于《江淮学刊》1989 年第 2 期)以及《近代徐州利国》(载于《历史研究》1986 年第 5 期)等一系列论文，其中多为中国人民大学报刊资料复印中心《中国近代史》所转载，也有的被《新华文摘》所摘登。这些论文的持续发表，不仅给青年学者以启发，使他们感到获益匪浅，也在学术界产生了一定的影响。

对于我自己而言，深入的课题研究则使我扩大了观察问题的视野，并了解这一历史事件及人物的底蕴，从而能在教学过程中不断提高自己的业务水平。我上课时讲得清楚、分析深刻，让学生们获得新知新见，增强了思辨能力。作为教师来说，总算尽了一己之责。

以上所述，只是我的点滴回忆。是以洋务运动为例，来说明教学与治学之间的密切关系。一方面要以教学来促进治学（科研），另一方面要以科研来提高教学水平。两者是相辅相成、相得益彰的。这就算是我的往事掠影：回顾自己多年来在执教过程中的一点肤浅体会，以供青年学子们参考而已。

坚持原则　不人云亦云

袁宗亮

1967年我先后接到来自盐城和淮阴的两位毕业校友的信，信上称他们在各自的学校被批判了，还有一位徐州校友亲自找上门来，反映同样的问题，问我该怎么办。这个问题要从回答学生向我提出的一个问题说起：唯物辩证法认为任何事物都是矛盾的，都由对立的两个方面组成的。这就是对立统一规律，它不仅适用于客观世界，也适用于主观世界，是一条普遍规律。毛泽东同志通俗地把它概括为事物都是“一分为二”的。为此，有学生向我提出，既然一分为二是普遍规律，那么毛泽东思想是否也可以一分为二？我的回答是肯定的，如果它不能分，那就不是普遍规律了，问题是如何分法，不能把一分为二单纯理解为好与坏之分（这也是一分为二），马列主义毛泽东思想，作为真理，它既是绝对的又是相对的。列宁在革命实践中发展了马克思主义，毛泽东在中国革命中发展了马列主义，但是毛泽东思想并不是马列主义的顶峰，它还将随着实践的发展而发展。

中国人民大学教授萧前、王宁，两人都是我的老师，他们主编的《辩证唯物主义和历史唯物主义》，具有权威性，是当时全国大多数高校采用的教材。我在使用该教材时发现，在个别范畴上存在问题。是选择为尊者讳还是与他们商榷，我选择了后者，将我的看法寄到人民大学的学报被退了回来，我认为问题应该澄清，于是我发表了针对该问题的论文，阐明自己的观点。人大版的教材最后改变了自己的观点。

事情是这样的：关于经济基础和上层建筑，马克思在《政治经济学批判》序言中是这样论述的："人们在自己生活的社会生产中发生的不以他们的意志为转移的关系，即同他们的物质生产力的一定发展阶段相适合的生产关系，这些生产关系的总和构成社会的经济结构即有法律的和政治的上层建筑竖立其上并有一定的社会意识与之相适应的现实基础。"马克思在这里清楚地指出了经济基础是与当时的生产力相适合的这些生产关系。而上文教材作者为了适应当时的政治形势，认为经济基础是占统治地位的那种生产关系即公有制。这一论断第一是曲解了马克思的原意，带来经济基础与上层建筑关系之间很多问题无法解释；第二与社会现实不符。马克思讲的是这些生产关系的总和，而作者讲的是占统治地位的生产关系，为了解决这一矛盾，能够自圆其说，把构成生产关系的三个要素，说成就是这些生产关系的总和。在现实社会，除了原始社会和将来高度发展的共产主义社会，其社会经济基础不可能是单一的生产关系，纵观高度发达的资本主义国家如美国，它的经济基础也不可能建立在单一的占统治地位的资本主义生产关系的基础之上，还有各种各样个体经营的修理铺、加油站、汽车旅店、理发店等服务行业；我国社会主义初级阶段除了占统治地位的国有企业外，民营企业、各种各样的个体工商业所创造的财富，占了全国生产总值的重要部分。反观20世纪六七十年代，只实行单一的公有制，使得国民经济最后几乎面临崩溃的边缘。改革开放后，经济基础建立在与当前生产力相适合的多种生产关系之上，国民经济迅速发展，我国已经跃居世界第二大经济实体，可以充分说明问题。

唐代文学家、思想家韩愈在他的名篇《师说》中说：教师的职责是“传道授业解惑也”。他把传道放在首位，其次才是授业和解惑，可见传道的重要。时代不同，“道”的内容不同。韩愈的时代所传的是儒家之道；作为政治理论教师，所传的是马列主义之道。邓小平在拨乱反正、正本清源时指出，要正确理解马列主义、毛泽东思想。在我数十年的教学生涯中，深深体会为此必须坚持原则，而且还要勇于挑战，不要人云亦云。

何妨奋笔且习文

刘秉果

1977年体育系招收第一届学生，我担任体育理论课的教学，在课程将要结束时布置的作业是写教案。教案是教师上课的重要依据，也是体育理论课的重点。作业收齐后，我发现学生的教案水平参差不齐，差距很大。有些学生并不是不理解、不会写，只是由于写作水平不高，无法在教案上表达自己的思想。联系到当时体育界有许多老教师，一辈子积累了丰富的教学经验，由于不善于写作，无法将自己的心得体会表达出来，不能薪尽火传，惠泽后学。在体育界一直存在着重技术、轻文化的现象，这种现象在竞技体育中严重存在，在体育教育中也一直延续。恢复高考之后，有一些报考体育专业的学生并非是真正喜爱体育事业，认识体育的重要意义，只是由于文理科成绩不够理想才报考的体育专业。因此，他们体育技术既不突出，文化水平也不够踏实，入学之后只能全力地去突击技术，文化素养却未能提高。

一般来说，阅读、写作能力的培养应该是在中学阶段就要完成的任务。但是，由于目前的高考是分科考试，非文科的学生为了追求本专业的分数，大多放弃了基本知识学习，全力投入到专业考试科目的准备中去。因此，基本的阅读、写作能力都达不到要求，这也是大学生中理工科和体育专业学生写作能力不足的原因之一。写作不仅是教师文字表达能力的体现，也是教师口语提炼的过程，更是教师经验交流的渠道，是一个优秀教师必备的业务能力，也是师范大学学生的基本功之一。既然在中学阶段没有打好这门基础课，这一缺口就必须要在大学阶段补上。如何在体育系学生中做好写作能力的培养，我在教学中花费了一点力气，也取得了一些经验。

在对78级进行教课时，恰巧体育理论的教材未能订到，我在上课时就提出学生要记课堂笔记，并宣布：只要课堂笔记写得清楚明白，将来期中考试时就可以达到及格。为什么我要“强迫”学生记课堂笔记呢？因为我对记课堂笔记有深刻的体会：上中学的时候，正逢抗战时期，纸张极缺，大部分课程没有教材，都是记课堂笔记。正是记课堂笔记提高了我的阅读兴趣和写作能力。记课堂笔记有一些麻烦，比如要高度集中听教师讲解，要立即判别哪些话是课中的重点，必须要笔记下来，提笔写字要能下笔成文，不可耽搁犹豫，这需要有一定的文化水平，也正是锻炼并提高写作能力的过程。开始时，许多同学对此规定不能够适应，甚至有反感，笔记写得十分潦草，或者是课堂不好好记，下课后去抄别人的笔记。我适时调阅几次课堂笔记，并做了批改。这以后，课堂笔记的质量有较大的提高，同学们开始认真听讲和记笔记。现在的教学设备都已现代化，课堂记笔记成了落后的“手工业方式”。但是，“好记性不如烂笔头”，上课时带着一个本子，随手记下教师讲课的重点或者名句，对于学习会有很多好处，记课堂笔记仍不失为一种较好的学习方法。

79级没有招生，80、81级是专科班，学时不多，不能多花时间在学生的写作上，体育理论课的要求只能着力在提高他们写教案的能力上。82级入学又多开了一门体育史课，也是由我担任。体育史是一门知识课，内容包括古今中外，不是几十个小时就能够学习深透的，重在培养学生的知识兴趣和阅读能力。引导学生写作是提高学生学习兴趣的一个重要方面，在上第一堂课时我就提出体育史的期中考试不是考卷，而是要写出一篇文章。那时的大学生还没有规定要写毕业论文，同学对于写论文还抱有深不可测的想法。我告诉同事说："写一篇论文并不难，只要多阅读一些文章，发现问题，把这些问题的资料汇集起来，按照自己的见解把道理说明白，就是一篇绝好的论文。即使不加自己的见解，也可以成为一篇文章。"考试及格的"引诱"，学写论文的尝试吸引了学生的兴趣。后来据学生反映，这次写文章让他们大费周章，有的人天天跑图书馆去翻阅资料；有的人找文史系同学帮忙；有的人聚在一起商量分工。真是八仙过海、各显其能。期中同学们都交上了一篇不错的文章。我看了也很满意，特选了其中较好的16篇文章编印成一本《体育史论习作》，作为这次考试成绩向学校汇报。并把这个小册子寄给了当时国家级的体育史刊物《体育文史》杂志，得到了编辑的赞许，其中有两篇文章被选登在这个杂志上。一篇是周庆龙写的《古代游泳》刊登在1986年第3期上，一篇是高文清写的《我国古代的技巧运动》刊登在1987年第1期上。这大概是当时少见的大学生的文章被国家一级杂志发表。

退休以后，我是以写作来发挥余热。退休至今二十多年的生活，使我深刻体会到写作不仅是表达思想、交流心得的途径，也是扩展知识、锻炼逻辑思维的过程，还是集中注意力、修心养生的最好方法。听说，随着教学现代化的发展，许多同学的手懒了，越来越多的人不再动笔写字，写作能力大大下降。我诚恳地劝告同学们要拿起手中的笔来记笔记，努力提高写作能力，这将会使你终身受益。

为师为学尽心也

邹寿昌

自1958年毕业走上教育工作岗位到1999年退休的40多年，我一直耕耘在教学第一线，教授动物学并进行相关研究。这次学校又给我们离退休教师提供了留下片言只语的机会：回忆自己的教学与科研。

一、事业心与责任心是做好一切工作的前提。

教师能否为人师表、以身作则、不计得失、艰苦奋斗、认真负责地做好自己的工作，与个人的事业心和责任心有关。因此如何帮助教师提高自己的事业心与责任心仍有现实意义。

二、备好课是讲好课的关键。

想要当好教师，有许多因素，但讲好课是根本因素。要想讲好课，备好课是关键。我的做法是：

1. 收集相关资料，建立资料卡。

工作之初，广泛查阅相关资料。能剪的就剪下来分类粘贴，不能剪的就摘录下来做成卡片。调查了解当地的动物资源，持之以恒，对教学、科研有很大帮助。

2. 反复阅读教材和分析教材。

明确每一章节的重点难点、教学目的和教学方法。这一部分的材料，详见我参编出版的《动物学参考教材》一书（山东大学出版社 1993 年出版）。

3. 写出详细教案（包括需要补充的内容和举例）。

4. 熟悉教案。

5. 准备好需用教具。

三、讲好课是提高教学质量的保证。

既然是讲课，就要突出一个“讲”字。课堂教学是学生获得知识的主渠道，教师讲课的好坏不仅对学生有影响，同时也是能否提高教学质量的保证。我的做法是：

1. 牢固树立对学生负责并服务于学生的思想。

2. 处理好教材多、课时少的矛盾，现在的教材是越编越厚，而课时是越来越少。我的做法是只讲三分之二，留下三分之一由学生自学。

3. 讲清重点，突破难点。

4. 启发式教学与联系实际，做到师生互动。

我讲到河蚌时，要求学生通过实验观察河蚌如何运动，并记下运动速度。因前人没有答案，所以这样做既能提高学生的学习兴趣，又能培养学生的科研能力，科学研究本身就是向未知的进军。讲到国宝大熊猫时，补充说明大熊猫的真名为“猫熊”，英文里叫作 Panda，又称为 Cat Bear，中文应该译成“猫熊”；在几十年前报上初次发表新闻时偶然被排颠倒了，成为“熊猫”，一直错至今日。讲到鸳鸯时，指出现实中的鸳鸯和人们心目中忠贞不贰的爱情偶像是完全不同的。

5. 重视学生的反馈信息。教师讲得如何，学生最有话语权。深受学生爱戴的教师，一定是讲课好的教师。

6. 讲课不依赖文稿。要想把课讲活讲好，上课一定不能依赖讲稿，做到有人听课和无人听课一样。

7. 杜绝原则性的科学错误。

8. 教态自然。

9. 必要时写点讲后感。

四、教学与科研的关系。

对高校而言，教学与科研是不可分割的有机体。教学能助推科研，而科研又能为教学补充新内容，有利于提高教学质量。只教书不搞研究的教师不是一个完美的教师。

建校初期，一次偶然的机会，我在市郊水沟底部捕到了大蟾蜍，又称“癞蛤蟆”，不同于当时教材中大蟾蜍是在土中越冬的记述。为弄清事实真相，我又做了深入的调查，并写了《徐州市郊大蟾蜍越冬生态的研究》一文，发表在 1965 年《生物学通报》第 5 期，由此逐步形成了自己毕生的研究方向——两栖爬行动物。

板凳要坐十年冷　文章不写一句空

叶　青

“板凳要坐十年冷，文章不写一句空”是史学界前辈范文澜先生对青年学者的教诲。这句话对我影响很深，我一直把它作为自己的座右铭。

十分遗憾的是，由于种种原因，我长期未能“坐下来”！大学毕业时，正是整风“反右”运动轰轰烈烈开展之时，同学们毕业考试都没有进行就被分配到全国各地。凡是分配到高等院校和科研单位工作的，必须劳动锻炼一年。我被分配到江苏师专(江苏师大前身)后即被安排到江阴农村劳动，不到一年又被调回参加“审干肃反”运动。此后，一个运动接着一个运动，直至长达十年的“文化大革命”，很少有人从事教学科研工作。而我比其他同龄人做得更少，因为我在1964年初被调到中共徐州市委宣传部工作，虽说是党史理论教员，但首先要参加各种中心运动。直到粉碎“四人帮”，我请求“归队”回到学校，才又开始了我热爱的教学工作。其间整整耽误了20年的宝贵时间。现在要我来谈谈教学科研的经验，只能是勉为其难了，就写一点体会吧！

一、无论讲课或写文章，都要有历史的深度和理论的高度。任何事物都有其发展的历史过程，所以一定要从历史发展的角度来加以说明，并对其发展规律作理论概括。要做到这一点，必须如饥似渴地学习，提高自己的认知水平。

在那人心浮动的岁月，我没有淡忘范老的教诲。在徐州市委宣传部工作期间，我虽然只向宣传干部作过一两次辅导，但我没有用“一张报纸一杯茶”来打发日子，而是充分利用时间把宣传部所存的有关中共党史资料几乎看遍了，并做了详细的资料卡片。许多书被“禁”不能看，我就看马恩文选等经典著作，努力掌握其精髓，为“归队”后的教学工作打下了一定的基础。

二、要认真备课，在吃透教材的基础上，综合各种不同的学术观点，提出自己的看法。我始终坚持这样的教学理念，极大地提高了学生们的学习兴趣和积极性。因此，学生们选写现代史毕业论文的比较多。毕业后，不少学生以喜悦的心情告诉我毕业论文发表了的消息。学生中考上现代史和中共党史研究生的也比较多。印象较深的是82级，全班50名同学中有6位考上相关专业的研究生。朱其高、沈瑞良考上中央党校，刘永彪考上吉林大学，王玉祥考上北京师范大学，孙海泉、印兴娣考上本校。当年中央党校党史专业在全国250多名考生中只择优录取5名，徐州师院就占了2名。沈瑞良来信说：“这在中央党校引起很大反响，徐州师院也为之声名大振。”几乎每年都有学生考取吉林大学，85级庄传伟的考分甚至超过了一起参加考试的该校同专业助教而名列第一。他的导师说：“徐州师院是个什么学校？成为我们的研究生预备班了！有机会一定去看看。”这大概和我在讲课时对重点问题讲得比较深透有关，也和学生们的勤奋好学是分不开的。

三、科研要和教学相结合。教学促进科研、科研提高教学。由于我起步晚，回校后不久又被推选为系主任，行政事务繁杂，所以在科研方面没有什么大的规划，只是结合教学写了几篇文章，产生了一些影响。

我最初写的几篇文章是关于刘少奇同志的。“文化大革命”开始后不久，新华书店的同志例行向宣传部送新书，其中有三大厚本纸质很差的“批判资料”：《中国赫鲁晓夫刘少奇反革命修正主义言论集》。我一看，全是第一手资料，如获至宝。如果不是“四人帮”把它作为“批判材料”编集起来，我到哪里去找啊！便同他商量，个人买了一套，越看越觉得少奇同志说的没有错。“归队”后，我就结合教学写了《刘少奇在民主革命时期对“左”倾错误的批判和斗争》《刘少奇和1947年的土地改革运动》《刘少奇在民主革命时期对革命统一战线的重大贡献》等论文，受到了好评。《党的文献》编辑部来函，认为我在党史研究领域“取得了不少成果”，特约请我为该刊撰稿。

我第二个研究的重点是徐谦。他曾是国民党和国民政府的主要领导人之一，为国民革命做过许多工作。蒋介石背叛革命后，以徐谦有“附共”之嫌，发出逮捕徐谦的通令，而当时共产党机关刊物《布尔什维克》也发表《革命叛徒的写真》等文，将徐谦与汪精卫相提并论，这就引起了我的注意。我用了两年多时间，到北京图书馆和南京的中国第二历史档案馆查阅资料，写出了《徐谦与“三·一八”运动》《大革命时期的徐谦》《徐谦传略》等文，对历史人物作了实事求是的评价，受到同行专家的好评。徐谦远在美国的女儿、经历过“三·一八”惨案的徐英也来信“深表谢意”。

最后说一个令人气愤的事。1994年4月7日《报刊文摘》转载《世纪》双月刊《揭开“华人与狗不得入内”流传之谜》一文，说在公园门口挂"华人与狗不得入内"的故事缺乏根据,是共产党人为了哗众取宠而编造的。我看到之后,立即给《报刊文摘》编辑部写信,指出该文是错误的,可是没有回应。6月初,《光明日报》主管主办的《文摘报》主编肖梨来徐参加徐州市汉文化学术讨论会,我问他:《光明日报》对"华人与狗不得入内"是编造的说法为什么不表态?他说,有关方面有个"电传",认为可能是真的,要我们谨慎。我说:"孙中山也提到过这块牌子,当年《申报》曾发表上海商绅代表的抗议书。"他说,我明天就回去,你把它整理出来让我带走。我连夜写成《"华人与狗不得入内"绝非编造》一文。但6月13日《光明日报》发表时,将题目改为《关于"华人与狗不得入内"的一些史实》。此文产生了较大影响,《文摘报》和《新华文摘》都作了介绍,并恢复了原作的标题。

光阴荏苒、时光飞逝,转眼我们已经进入到21世纪的第2个10年,祖国发生了巨大的变化。无论是政治生活环境,还是教学科研手段,现在青年教师的治学条件比我们当年好太多。只要能坐下来,钻进去,就一定会取得很大的成就!

课堂教学贵在常讲常新

朱锡强

近年学校教学，特别是某些文科专业教学，出现一种令人担忧的现象，就是学生无视课堂教学，不是逃课就是在教室里也不听。造成这一现象的原因很多，主要是教师照本宣科，老生常谈；或者教材肤浅，厚厚一大本，除了卖弄新名词，没有任何实质性的内容，根本不像大学教材，以至于听不听都一样。

课堂教学是依据大纲和教科书进行的，部分专业特别是新开设的专业，应当重视专业学科的设置、教材的选择和教学方法的采用。不能为填满课时，滥竽充数，把大学生当阿斗进行教育。作为教师个人更要努力学习新教材，挖掘内涵，尽量讲出水平。

退休前我是历史学院的教师。我觉得历史的课堂教学要讲出“水平”首先必须常讲常新，绝对没有所谓“盖棺定论”，备好一个教案，永远唱一个调，自然不会有人欣赏。历史教学也应该一人一面，同样一门课两个教师就有两个讲法；就是同一个教师，前后对两个班讲相同内容，也常常有不完全相同的讲法。

我从事教学工作41年，深深感觉上好一节课不容易，不论你做了怎样充分的准备，课后回想起来，总会找到瑕疵，课堂教学真正是“遗憾的艺术”。课堂教学确实“只有更好而永远没有最好”。

要让课越讲越好，做一个好教师，首先课堂教学必须常讲常新。这个“常讲常新”在目前尤其具有现实意义。近年来思想界、学术界有了一点新气象，慢慢冲破各种各样的学术禁区，提出了很有意义的见解。不论对孔子、秦始皇、曹操、曾国藩、李鸿章，还是赫鲁晓夫、蒋介石、陈独秀等古往今来的历史人物；不论对农民运动、工人起义、民族解放战争还是东欧巨变等历史事件都有一些新鲜见解。这些见解并不都是成熟的，却足以促进思考，迎接真正的学术繁荣。课堂教学，负有传授知识的责任，更重要的是帮助学生在“百花齐放”“百家争鸣”的环境中学会独立思考。我们既要坚持基本立场，重大政治问题上与党中央保持一致，也要在学术问题上不脱离时代步伐，防止头脑僵化。

历史学科在文科里，相对来说应该是比较稳定，绝大多数内容都有一定的研究作为基础，有较多一致看法和结论。为什么还要常讲常新，怎样能够常讲常新？这种常讲常新不是出尔反尔！我的体会为：首先，历史学是一门以过去社会事件和人物进行研究的科学。已经过去的事物自然不会复活、不会变动了。但是，事情和人物极具复杂性，极难一眼洞穿，随着科技发展，会有越来越多的不为人知的资料被发现，使某些原来并不十分清晰的事情变得清楚起来，此为一新。其次，所谓“历史学”其实就是每个人对往事和故人的看法和评价。如同我国最权威史学著作《史记》，就是司马迁对他所掌握的史实进行取舍记载和评说。最可贵的是他掌握的史料无人可以企及，评论极其严肃、公允，著就了千古不朽的经典。各人立场观点不同，各人各时期认识水平不同，对历史就有了不同的认识和评价。至于教学更有赖于当时当地环境和听讲对象，一个好教师应善于“随机应变”。“不变”的历史也由于教师理解的加深，不断形成自己的看法和结论。一个好教师，就是越能理解教材的精神实质，越能用准确、通俗、学生最乐于接受的语言进行表述，帮助学生掌握教材的精神实质。这个过程就是出新的过程。

20世纪90年代中期，我开始使用多媒体课件进行教学。我把积累了几十年的图片、资料和当时能收集到的影像都做成课件，还绘制了大批著名历史名画图片，为了课堂运用方便顺利，刻成光盘。自我感觉比较满意后，就将一节课做了完整录像，发现不但有口误、笔误，而且有些概念叙述不够完整、准确，多媒体课件和教具使用与讲述有许多配合不理想等。虽然从学生表情看出他们听讲认真，至于是否能够达到预想效果更不得知。这让我感觉到事前准备好了，在实践中依然无法避免存在差距。这才发现讲历史，企图一劳永逸是不可能的。在一两年内，我又做了多次修改，最后还是放弃了刻录不能改动的光盘的想法。

大学教学切忌照本宣科，大学生已经具备相当知识，有较强阅读能力，许多书本他们都能自己阅读，甚至比教师读得更合乎他们的需要。教师主要任务在于把自己对学科的理解传达给他们，做到大大缩短学生学习过程，启迪他们思维，使他们能准确而有效地掌握教材知识，并且转化为技能，转化为创造能力。这就要求教师不仅只讲述书本书面知识，而是讲出比书本上更深刻、更鲜活的东西。譬如什么是“历史学”，有许多不十分一致的定义和解释，我们除把必要的书面定义推荐给学生外，还要用最通俗的语言表述，而“历史学就是各人对往事的一种观察和评论的学问”，它的意义在于人们通过对经历过的事情进行回顾，吸取经验教训，变得越来越聪明，起码不会重蹈覆辙。所以历史永远也不可能有统一结论，对历史人物也不存在“盖棺定论”。

又如历史基本内容，有人强调就是阶级斗争、阶级对抗的过程。其实阶级斗争和阶级对抗，只是矛盾斗争的一个方面，任何社会阶级都必须依靠它的对立面——地主不能没有农民，工人在消灭了资本家的时候，自己也就不存在了，所以对立阶级双方的妥协、协调、和谐是社会存在和发展的前提，抗争也是为了协调。为了求得协调与和谐，就有了人类社会一次又一次的改革和革命。说到“改革”就有许多表述，如革新、改良、维新、变革、新政、改制……我以为所谓“改革”基本实质就是：统治者拥有了过分的权力和利益，影响了大众的利益，影响了劳动者的积极性，“特权”使社会丧失了前进的动力。需要双方通过和平协商，修改一些规则，让出一些权力和利益，使群众积极性得到保护和发挥，维持社会稳定和发展。所以这是促进社会进步的最好、成本最低的办法。但是，通常统治者是不愿意自觉放弃既得利益的，改革达到一定深度，触到统治者痛处，一定会出现反弹，这是历史上那些著名的“改革家”，最后都没有达到目的的根本原因。

当改革失去可能性，社会要继续存在，继续发展，革命就成为唯一的选择。关于“革命”定义也极多，各有各的说法。但是革命本质是破坏，就是通过极端手段，把不愿意通过协商让出不合理的权力的统治者甚至制度抛弃掉，进而采取新的制度。所以社会的和谐，不仅仅需要阶级斗争，更需要阶级之间时时注意自觉调整相互关系，剥削阶级和劳动阶级之间远不只有对抗关系，在相当时期内双方主要是互相依赖的关系，因此种种小的改革就成为历史的主要内容。当然这样的表述有许多不足，它不全面，或者不十分准确，但是很容易理解，能够帮助学生接受书本上的文字定义。有了这样的认识，在分析历史现象的时候就有可能给学生以动力和兴趣。这是关于史学的大的根本性概念，后面还有各种事件各样人物都必须有自己的见解，譬如中外封建社会、封建政权、封建制度的比较；农民战争的异同；人文主义的历史地位和思想解放……令人兴趣大发的议题俯拾即是。有好米而没有好妇当然不可能有好饭菜！

生也有涯学无涯

王云度

1957年秋，我大学毕业，分至江苏师范专科学校，当史地科中国史教研组长臧云浦老师的助教，使我在学术生涯的起始阶段就遇到了一位好导师。臧老师对我要求很严：课前熟悉教学内容，阅读尽可能多的相关资料，课后辅导、答疑；平时系统阅读基本史籍，从《五帝本纪》起，通读《史记会注考证》。我初始对繁多的注释很厌烦，但坚持下来，渐知这些注释的重要性，人们对史料研究的突破往往是从这些注释的对比着手的。臧老师一开始就帮助我养成了尽可能扩展自己史料视野的重要治学习惯。

学校迁至徐州后，我继续当臧老师的助教，仍在其指导下坚持系统读《左传》等书。还自费订阅《光明日报》《历史研究》等报刊，并经常去图书馆摘抄论著目录索引。我在阅读论著时，注意从资料、观点、存在问题，特别是阅读时产生的思想火花等方面做摘记，日后的研究课题往往是从这平时积累中产生的。这时期可以说是我后来从事史学研究的重要准备阶段。

1959年秋，我教“隋唐”，在备课讲课的基础上写了《隋炀帝不是暴君吗》，参与《史学月刊》关于隋炀帝是否是“暴君”的大讨论，被该刊1960年第3期摘登，使我受到莫大鼓舞。

1962年秋，在臧老师的指导下，我为中文系新生上了一学期“中国通史”。我提前备课，将每周要讲的内容先给他试讲一遍，及时得到指导，使我较好地完成了任务。这为我后来独立开课奠定了坚实基础。

“文革”后期复课之初，由我为外语系上“中国通史”，后臧老师从校农场回来，我俩轮流给中文系开设“中国通史”。鉴于当时“书荒”，合作编写了《中国历史大事纪年》。先经校印刷厂两次印刷，又于1977年春，由河南尉氏印刷厂两次印了20000册，作为内部教材向全国征订出售，除西藏、台湾外，各省市自治区都有订购。1983年，增加编写人员，进行修改、补充，定名为《中国史大事纪年》，由山东教育出版社出版。印数达49500册，销售一空，可见其社会影响之大，实为当时文史专业学生藉以学习中国通史必备之书。之后，先是朱崇业老师协助对“官制”素有研究的臧老师编写内部教材《中国历代官制、兵制、科举制表释》，后经我参与修改定稿，于1987年由江苏古籍出版社出版，受到社会好评，“提要”收入新编《江苏通志・艺文志》。中国军事科学院主编《军事大百科全书》，特约臧老师和我合作撰写长词条“中国历代武官制度”。初稿文字量较大，就先在《徐州师范学院学报》1989年第3、4期发表。

“文革”后期，中央军委组织编写《兵要地志》。徐州军分区魏裕功参谋与我合作编写《徐州地区历代战纪》，于1976年由军分区以内部参考资料打印成书。1978年冬，历史系与中文系联合举行第一届学术讨论会，我写成论文《徐州——历代“兵家必争之地”》，与魏参谋联名发在《徐州师范学院学报》1978年第4期。我通过研究徐州历代战事，对地方史志产生了兴趣，先后发表《徐州名称略考》等文章，并在历史系开设选修课“地方史志讲座”，地方史志成为我的一个研究方向。

1977 年冬，恢复高考，我校在省内率先恢复历史专业。1978 年秋，历史系第一届本科生入学，第一节课是由我上的“中国古代史”，也是我第一次为本科生开课。1980 年秋，我率先开设选修课“秦汉史专题研究”。1982 年春，第一次协助臧老师指导秦汉史研究生。历史系的建立，不仅为我们搭建了教学平台，也为我们的学术发展铺设了道路。1981 年春，为开设选修课，给学生论文习作提供借鉴，写了《秦王子婴非二世兄子辨》。以后我许多论著都是与教学相结合的产物。

建系之初，我们鉴于主客观条件，决定以秦汉史作为教学、科研的重点。臧老师参与发起成立中国秦汉研究会，在系里建立秦汉史研究室，曾有老中青三代 6 人，颇为中外秦汉史学界所瞩目。我为开设选修课，决定撰写《秦汉史编年》，首先完成《秦史编年》，1986 年由陕西人民出版社出版。

起初，本想争取每年发文一篇，但随着备课的深入，不断发现新题材；长期被压抑的科研能量获得释放，写作欲望很高，可以说是“吃着碗里的，看着锅里的，想着菜市的”。1981、1983 年各有 2 篇，1984 年 4 篇，发在《徐州师范学院学报》《中国史研究》《光明日报》等报刊上，我的学术生涯开始进入兴盛阶段。这时期，学生是我构思的第一听众，臧老师是我文稿的第一读者和指正者。

1984 年春，我任历史系副主任，繁杂的行政事务并未使我放松学术研究，经常半夜起床，拥被写作。还应邀在宿州师专等高校兼课，参与学术会议，极其忙碌。功夫不负苦心人。1987 年，我和系里一批中年教师晋升为副教授。后虽被调出历史系，但 1992 年春，我仍率先晋升为教授。其间多有学术成果面世，多次获奖，多次接受媒体学术采访，亦代表着我学术生涯发展至顶点。

1999年初退休，由历史系返聘两年后，主要致力于继续编写《秦汉史编年》，我的学术生涯进入延续和总结时期。

2009年春，与江苏凤凰出版社签订《秦汉史编年》出版合同。该书不仅尽可能多地将前人对秦汉史的研究成果吸收进去，也将自己历年来对秦汉史研究的成果概括进去，是我学习研究秦汉史的总结性著作。

人生苦短，而我辈的学术生涯更短，但曾赶上受到老一辈专家教诲，我虽未成器，也非虚度，平生足矣。

严谨治学　点滴树人

宋保林

我来校工作后不久就考取了北师大化学系研究生。在京学习期间，我下定决心接受一切考验，对自己提出高标准、严要求。作为一名共产党员更要勇于挑重担，敢实践，做一名好教师，力争能培养出跟上形势发展的国家建设人才。这种想法贯穿在我返校后的一切工作中。近40年来我做到了全心全意严谨治学、教书育人，努力争取教学、科研、生产三结合，为学生服务、为社会服务，取得了校内外的一致承认和鼓励。

一、教学工作

1. 我主讲77级“无机化学”(统编教材)课，首先自己明确，也让同学了解无机化学发展的特点，即：由实验学科逐步走向实验与理论高度结合的一个比较完整体系的化学分支，是造福人类不可缺少的基础学科之一。

2. 深入钻研教材内容，明确教材处理的指导思想，确定授课的方法和指导学生的学习方法。初步树立学生辩证唯物主义和历史唯物主义科学发展观，注意学生能力的培养和主观能动性的发挥。

无机化学是化学系第一门基础学科，其内容是以物质结构、元素周期律、热力学初步、基础电化学、化学平衡为理论基础来讨论元素及其化合物的基本知识。在讨论周期律时以纵的各区(s、p、d……)为主,横的周期为辅。在讨论各分族元素及化合物存在、性质、用途、制备时,要以性质为主。因为性质主要是由结构决定,性质又决定物质存在的形式和制备方法,性质又是通过反应类型来体现。通过分析对比法讨论(特别是ⅠA与ⅠB、ⅡA与ⅡB对比ds区元素与p区及d区元素对比)掌握各分族元素及其化合物在族、周期中变化规律、通性和个性,要求学生在理解的基础上记住重要单质及化合物的重要特性及其在生活及工业生产中的应用。使学过的理论知识与重要元素及其化合物性质、反应类型有机地联系起来,使学到的知识得到巩固。有利于学生的逻辑思维能力培养。

理论来自实践,又回到实践。我重视实验(课堂演示实验和学生实验课),要求同学们要有严谨的学风和科学态度,重在求实,要仔细观察实验现象,善于思考、善于动手、善于总结。特别是分族元素各章的教学,凡是有利于基本概念的形成,重要单质及其化合物的反应性,重要反应类型一定要做课堂演示。引导同学仔细观察现象,再从理论上去讨论其规律性、共性和特性,有利于提高学生学习积极性,牢固掌握知识。课堂演示实验不能由学生实验代替,学生实验除深化、拓宽课堂学到知识外,着重培养学生动手能力,可鼓励学生自己设计实验解决与实验有关的问题等。

重视总结且形式多样:(1)依据课本及各章、节的主要学习要求总结。如有关的基本理论、基本概念、基本运算;用箭头图示法总结重要元素各种氧化态间的转变及化合物的重要化学反应,有的同学风趣地说"宋老师联络图来了";以氯为主各氧化态之间的联系总结出九种反应类型并写出反应方程。(2) 阶段性总结。在酸碱理论与电离平衡内容的讲授中总结出十六类计算公式有助于同学们复习、巩固与应用,也有助于计算能力的培养。(3) 学期、学年总结只提重点要求和复习方法。总结方法有文字或口头、习题课、实验习题、演示实验、课堂练习和思考题等,有的内容可引导同学一起总结。

我在教学中采用多种方式了解同学们的学习情况,对教学的意见、要求,以便采取适当的方法满足不同水平同学的学习需要。

77 级邹进同学说:“您讲课内容好复习,容易掌握,好考试,这次我们班考研同学无机化学成绩都较高。”他们班留校的王兴汉和马恒俊两位同学报考武汉大学无机化学助教进修班,成绩在全国报考的考生中名列前十名,82 级考研十多名学生“无机化学”均取得高分。

1979 年我担任徐州市文教局举办的高中化学培训班的“无机化学”中“原子结构和分子结构”两章教学。听课的老师和有关领导都说:“您讲得好”,非培训班人也来听,化学系有关领导也对我说:“文教局来人说,您课上得好。”

1988 年本科函授生(两市八县的文教局化学指导老师)中一位李老师说:“您给我们上的‘高等无机化学’让我收获很大,教学效果相当好,特别是您的教学方法好,也很适合我们的年龄特征,我们希望以后和您建立联系。”全班同学一致鼓掌。

我任 97 级应化班“无机化学实验课”一年,于 1998 年 6 月 25 日举行“独立实验交流会”,内容有理论和应用,2～4 人一课题(是课本以外内容),共提供了 13 篇论文进行大会交流,与会人员一致反映开得好。这些都有助于学生查阅资料能力、动手能力、分析解决问题能力、总结归纳能力、文字和口头表达能力的提高和主观能动性的发挥。他们班长代表全班同学给我留言："感谢您一年来的辛勤培养，您的兢兢业业、认真严谨给我们留下了深刻的印象，我们在您的指导下学到了很多东西。"我任多届"中级无机化学实验"教学，直至退休。刘平同学在我的"征求教学意见书"上写："老师教学态度认真，一丝不苟，教学内容严谨，效果显著。"石茜同学写："教学组织非常科学、周到、严谨，对学生要求也非常严格，同学们都深感受益匪浅。"周勤舯同学写："本课的最大特点就是独立性要求比较高，使我们在思想上彻底从依赖走向独立，以便以后能独当一面，成为一名合格的中学化学教师或科研人员。"张宏武同学在小结中写："通过本门科目的学习，我收获不少，虽不能说它改变了我的人生，但可以说它改变了我做事的风格和习惯。以往我做事不认真，老是马虎从事，就因为马虎使我失去好多。通过此次学习，第一，我改掉了以前的马虎，开始认真起来；第二，改掉不负责任，开始每做错一件事、走错一步能回过头来查询原因及时订正；第三，改掉以往千头万绪一起抓，开始做事错落有序，不慌不忙；第四，往日学习无趣，改为今日想学习等等。"

1986～1989年我接受培养一名硕士研究生任务，制订培养计划、担任两门专业课教学和指导硕士论文。研究生经南大无机化学专业两位博士导师的评审，在专业理论、技能技巧、创新、适用性等方面有一定的学术水平，获得南大硕士学位。

为了使教学工作跟上教学形势发展需要，我设法与校外联系，安排教研室教师外出听取有关讲座，以便知识更新。留校的青年教师除在职学习提高外，轮流外出学习，鼓励他们考助教进修班，进行国内外访问和调研。积极协助从外地非教学单位调来的教师逐步熟习无机各门课的教学内容，提供科研经费，并利用暑假陪同去上海、北京查阅资料确定科研方向和研究课题。通过大家的共同努力，我们无机教研室两次荣获院先进集体，获 1988 年徐州市先进集体，获 1989～1992 年院优秀教学成果一等奖(集体)。

二、科研工作

“不搞科学技术，生产力无法提高”。师范高校也需要开展科研，学校才能发展，才能培养出高质量人才。但是 20 世纪 80 年代初，学校科研条件太差，经费不足，矛盾多、压力大、阻力大，我发扬不怕苦精神，利用课余时间和节假日进行工作。走出校门，深入社会，到条件好的学校、工厂等单位进行调研，与他们保持密切联系并取得他们的帮助，这为我们科研工作由简单到复杂、由小课题到大课题、由教学理论研究到应用研究提供了条件。我带领青年教师齐心协力，不怕曲折失败、反复考验，完成了一个又一个课题。通过不断总结经验，有所发现、有所发明、有所创造、有所前进。同时，我们的缺点错误也不断得到纠正，不断提高为人民服务的能力，做到了乐观豁达地工作。

在退休后我也老有所学，积极学武术、学中医养生等，争取发挥余热。

一点哲思初见时

——上好哲学第一课

刘家钜

常言道，“台上一分钟，台下十年功”，说明演员在台上的精彩表演，正是他们经久苦练的结果。同样，课上一分钟，课下几月功，说明教师能上好一节课，也正是他们长期精心准备、不断付出辛勤汗水的结果。特别要上好新生的第一课，更要做好充分的准备，决不能有丝毫马虎，敷衍了事。因为第一节课关系到老师给学生的第一印象，关系到学生对这门课的兴趣与信心。第一印象不佳，先入为主，很难改观；反之，若第一印象良好，能使学生久久难忘，甚至终身不忘。它可以激发学生持续学习这门课的兴趣与愿望，增强学生学好这门课的信心。因此教师必须重视上好每一门的第一课，精心备课，认真上好，确实上好。

而上好新生第一节哲学课尤为重要，因为哲学这门课，新生在高中已学过，而且在高考前反复复习过，教师如果认为反正是老课，是绪论起始课，用不着费心思、花功夫，因而可以夹着课本上课堂，随心所欲讲一讲，“脚踏西瓜皮，滑到哪里算哪里”，或者翻开老讲稿，照本宣科了事，就很难不让学生产生“大学老师讲课不过如此”的失望心理；或者让学生感到教师是在“炒冷饭”“翻烧饼”，实在没意思，甚至“味同嚼蜡”。倘给学生留下这种不良印象，他们不免会对这门课产生厌学情绪。因此，对新生的第一课，必须慎之又慎，惜时如金，充分发挥好课堂时间的作用，为以后上好每一节课打好基础，开个好头。

要上好第一节课，首先要确定这一课的教学宗旨，激发学生进一步学习的强烈愿望和浓厚兴趣，以保证讲课不跑马、不滑边、不乱套，为此必须围绕确定的教学宗旨精心设计好教学过程。

第一，营造气氛，拉近距离，激发学生的兴奋点，这是讲好第一课的首要条件。

我到科文学院新生班讲哲学课时已年过六旬，听课的学生多是十七八岁的青年，师生年龄差别很大，容易产生代沟。我进教室，学生一看就一愣：哟，是位“老朽”，怎么不派一位“风华正茂”的老师来给我们上课？此时有的学生低头看书，有的学生眼望窗外，不少学生在窃窃私语，显然学生早已魂不守舍，思想在“跑马”。我意识到拉近与学生的距离刻不容缓，迫在眉睫。我立即对学生说：“老师我确实已垂垂老矣，但诸位都知道，老师曾经也是个风华正茂的青年。辩证法告诉我们，人老是自然规律，不可避免，不能逃脱，如果人有两度青春该多好，但那不可能，但老师我老而不朽，老当益壮，老而志在千里，讲课热情不减当年！比如现在，我能与青年一起快步登山，一起登台激情朗诵，一起精神抖擞地挥拍上阵决雌雄……”一席话使学生颇感老师确实是人老精神不老，人老活力仍在，说话声音洪亮，底气十足，讲课滔滔不绝，激情洋溢。有些同学忍不住鼓起掌来。我接着用朗诵的语调说：“老师 46 年前，正是在你们这个青春焕发、指点江山、激扬文字的年龄，走上了教学讲堂的。46 年，弹指一挥间，如今我已步入老年，真是

‘人生易老天难老’。40多年来我始终与青年学生在一起，所以我从未觉得我已老矣，跟同学们在一起，我始终感到我是你们中的一员。今天，我一走进教室就真切地感受到了，这里弥漫着浓浓的青春气息，这气息强烈地感染着我，使我仿佛又回到了46年前的今天，仿佛那青春活力又回到了我身上。我欣慰，我兴奋，我激情满怀。能有机会为你们上哲学课，我怎能不高兴？我相信我能上好你们的哲学课，难道同学们不为我高兴，不欢迎我来到你们中间?!”一阵掌声，同学们的兴奋点被激起了，也恰在此时，我和同学们之间那无形的距离一下子拉近了，消失了……

第二，别具一格，介绍自我，增强学生学习的信心。这是进一步消除学生疑虑，增强学生听课兴趣的一个重要环节。

有同学问：“给我们讲课的老师究竟是何许人也?”回答是：“我1959年毕业于南京师范大学中文系，受过哲学专业训练，有着近40年的高校教龄，乃南京江宁人士，姓刘名家钜。几十年来教过现代文选、文学概论、哲学与科社，但主要从事党史党建教学，因此，评上的是党史党建教授。到科文来讲哲学虽是初次，但却自信能讲好。也许有的同学心里在嘀咕：老师你别吹，谁知道你讲课究竟怎样？我回答：据同学反映和有人‘考据’，说鄙人讲课‘不孬’‘不坏’‘可听’，大家愿意听、乐意听；甚至有人夸张地说，也有人‘盛传’，听他的课真是一种享受。我知道这是文学语言，是抬举我、鼓励我的客气话，是对我的期盼与希望。我如不识抬举、不知好歹地跟着那样说，无疑有‘王婆卖瓜’之嫌。当然，如果有人说我讲得不好，讲得差劲，我肯定不会承认，也不能承认，因为那不符合事实。凭我的学术背景、我的教学经验以及表达能力，加上我的责任心，以我的勤奋努力，我一定能讲好你们的哲学课。你们相信吗？”同学们用点头、微笑和热烈的掌声给了我满意的回答。

第三，另辟蹊径，讲活绪论，深化教学宗旨，让学生深切认识学哲学的重要性。这是上好第一课的关键一着。

如何让学生具体而深切地认识学哲学的重要性，我一开始想用教科书上的道理平铺直叙地加以介绍，但那样做肯定打动不了学生，提不起他们的兴趣，难以收到预期的效果。于是我另辟蹊径，改用马克思学哲学、用哲学和毛泽东运用哲学指挥革命战争的生动事例来予以说明。我的具体做法是从提问入手，引领学生讨论：马克思在柏林大学开始读的是什么专业？学生答：法律。我又问：那为什么后来他改学哲学，将主要精力都放在哲学研究上？经过一番讨论，大家一致认为：由于马克思深刻认识到，哲学乃智慧之学，是指导思想、统帅行动的学问，是世界观、方法论的学问，它能为各科的学习提供指导思想。马克思正是以哲学为武器，与恩格斯一起写出了无产阶级的革命“圣经”——《共产党宣言》；正是以哲学为武器，指导无产阶级革命，以哲学为指导创立了马克思主义，为无产阶级革命和人类解放事业提供了思想武器……而哲学在毛泽东的一生中，特别是在他叱咤风云的军事生涯中，确确实实发挥了极致极妙的神奇作用。解放战争初期，我军在整体上、数量上还处于劣势、弱势、被动的地位，但在许多战役中，毛泽东却常常能变被动为主动，变劣势为优势，集中优势兵力，分割包围敌人，使敌人由大变小、由多变少、由强变弱，我军则由少变多、由弱变强，分割瓦解、各个击破敌人，不断消灭敌人的有生力量，终于打败了敌人，推翻了国民党反动政府，迎来了中华人民共和国的曙光……

接着，我用哲学原理、文学语言，结合现实问题为学生做出小结：学好哲学，极其重要。哲学是智慧之学、明白之学，要做一个明白而有智慧的人，就必须学好哲学；哲学是世界观与方法论的学问，要有正确的世界观和科学的方法论，就必须学好哲学。学好哲学，你才能用哲学的头脑思辨问题、辨清真伪、分清是非；才能用哲学的眼光洞察世界、洞悉事物的本来面目；才能用哲学的方法处理事情、解决矛盾，为走上社会、胜任各项工作做好准备。最后，同学们得出了一个共同结论是：学好哲学，收益无穷，终身受用！

至此，同学们已经进入"学好哲学很重要、自觉要求学哲学"的极佳状态。第一课的教学宗旨也已经实现。同学们上完课都反映，大学的哲学课不枯燥，与中学还真不同，很有意思。

教学和鸣寻音去

费承铿

1993年徐州师范学院组建音乐系，2000年我退休，后来有幸作为续聘教授继续在系（院）里任教，现在虽已没有本科生的课了，但还有几位研究生要带，夕阳时期的生活过得很充实。

在长达50多年的教学生涯中，我认为有如下几点必须引起我们师范教师的重视。

一、讲究教法

不少人误以为研究教法主要是中小学教师的事，在大学里授课，只要你有真才实学，就不必再去探讨什么教法，这种想法是完全错误的。因为教法的优劣是导致课的成败关键因素之一，更是教学中贯彻“科学发展观”的重要体现。我从小就听说“好教师能化难为易，而不合格的教师却能把易转化为难”，由此也可见教法之重要。

音乐不仅是艺术，也是科学，尤其是音乐理论，其中贯穿了不少数理逻辑，头绪不清、思维混乱者很难学好。我系过去有位很有才华的青年教师在上和声课时总是责怪甚至训斥学生们太笨，他向我诉苦：“现在的学生水平太差了，我怎么讲他们都接受不了。”我问他：“那你是否每句话都讲到点子上了？”他说自己也不知道。由此也可见专业水平与教学水平是不能画等号的。

我在教学中经常使用“图示法”“手势法”等来帮助学生理解和记忆音乐理论中的一些难点，比如在讲和声学“副属和弦”一章时就用如下图的“手势法”来使学生直观地了解副属和弦、副属七和弦、副属导和弦、副属导七和弦的区别：

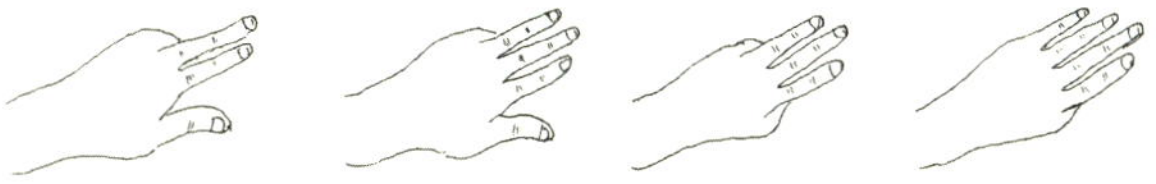

副属和弦 V / X　　副属七和弦 V_7 / X　　副属导和弦 Ⅶ / X　　副属导七和弦 $Ⅶ_7$ / X

由于音乐是听觉艺术，缺乏视觉上的直观性，所以我经常用图示的方法来显示音乐的形态。例如在歌曲作法课上分析《长江之歌》的旋律时，我就在黑板上画出了如下旋律线：

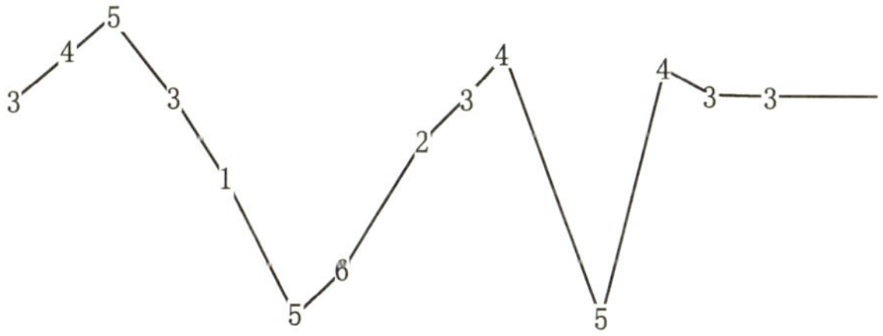

这一线条恰与长江上游的走向完全吻合，这就揭示了音乐形象与事物具象之间的内在联系，学生们对这一旋律的理解就更深了。

二、关心学法

所谓教学法实际上既包含了教师的教法又包含了学生的学法。教师优良的教法必然会给学生的学法提供启示，实际上优良的教法是建立在深刻知晓学生的学法之基础上的。现在不少教师之所以教学的效率不高，大多不是因为他本身的业务知识欠佳，而是由于他很少了解学生的学习心理和学习方法所造成，所以师范大学的青年教师们实在很有必要重温当年学习的教育学和心理学，并结合本学科的教学赋予其新的理解和创新。

在音乐系的各门专业学科中，学法的优劣会直接影响到学生学习的效率和专业水平。比如弹琴，由同一位教师任教的两位入校时水平相当、每周练习时间相同、练习内容相同、用功程度相同的学生，只要半年多时间就会拉开很大的差距，排除本人禀赋的差异外，主要是由于练琴方法的不同。不少学生在练习一首乐曲时弹到困难处停下来了，却又返回开始处继续弹，再次停下来后又返回开始处继续弹……浪费了好多时间，难点却仍未攻克，还养成了不良的练琴习惯；而聪明的学生在遇到难点时就会单独把它抽出来反复强化练习，直到不假思索就能弹对为止，当再次弹奏全曲时就能顺利完成了。还有一些学生一开始就双手合练，结果是错误百出，以后再来纠正错误，事倍而功半，这就叫“欲速而不达”；而多做分手练习的学生就较少有错误。还有的学生在双手合练完成后就再也不做分手练习了，其结果是有的难点仍难以顺利通过。更多的学生在大致练会后就再也不看谱或是似看非看，结果弹错了若干地方迟迟不能发现，待到上课时被教师指出已经是难以改正了。所以我经常向学生们推荐北京专家们总结的练琴十六字诀，即“慢快慢快、分合分合、零整零整、看背看背”，学生们据此诀练琴，效率明显提高。

不仅是练琴，声乐、视唱、和声、作曲等课程都各有自身的学习方法，我们经常看到一些不懂学习方法的学生在琴房不假思索地拼命吼高音，一节课下来除了声带受损什么也没有学到。前面已经说过，音乐不仅是艺术,也是科学,也有一个贯穿"科学发展观"的问题,离开科学的态度蛮干,往往收效甚微。

鉴于此,我在2000年退休后,基本上每年都在新生入学之际向他们作有关音乐系各门学科学法的报告,我认为这应当作为各学院新生入学教育的重要内容之一。

三、终生备课

一位苏联的功勋教师在上一堂高中地理课(公开课)时,脱开讲稿海阔天空、生动形象地阐释了课文,不仅学生们听得如痴如醉,连听课的教师们也都瞪大眼、张大嘴,手中的笔也忘了记录了。课后听课教师们涌向讲台翻阅这位教师的备课笔记,却发现只有寥寥几行字,大家惊讶地发问:"您是如何备课的?"这位教师微笑着平静地回答:"终生备课!"

终生备课,就是在8小时以外,在所有的节假日,在数十年的人生时光,都在琢磨着自己的专业和教学方法,在他看来,教学已经不是谋生的职业,而是高尚的事业,是一种乐趣,是一种享受,更是一种追求,达到如此的境界,还有什么课上不好!

音乐是一门实践性很强的学科,因此,终生备课里应包含终生实践,如果一位教琴的教师不练琴,教声乐的教师不练唱,教理论的教师不搞创作,那他的课也必然上不好。南京师范大学音乐学院的司徒璧春教授已经是很有名望了,但她仍然坚持每天练琴3小时,要知道我们现在有的教师每天练琴恐怕1小时都不到,空余的时间都在"家教"中泡掉了。司徒璧春教授已经60开外,精神令我们敬佩,应该成为我们全体教师的楷模。

同样，音乐理论的教师们如不搞创作，其教学就等于纸上谈兵。因为没有创作实践的切身体会，就很难上好音乐理论课，这已为不少先例所证实。

四、科研方向

我认为师范大学教师的科研方向主要应是在教学领域，而不是在具体的各个专业领域。

以音乐学院为例，有关钢琴、声乐、和声、作曲诸方面的研究论文已呈铺天盖地之势，我们的研究生们要找到一个不“撞车”的课题，已是十分困难的了。而且，这方面研究音乐院校总是遥遥领先的。但是，我们有我们的特点和长处，那就是师范性！师范性本身就是我们的学术性。可惜不少人直至今天总还认为研究师范性的论文低人一等，纯学术性的论文才是高级的，这一观念导致音乐领域论文的畸形发展，一方面纯学术性的论文数量众多，另一方面有关音乐教育教学方面的论文尚有不少空白之点，例如和声教学法、视唱练耳教学法至今尚少有人涉足，原因是作者需精通和声、视唱练耳的理论和技术，还要精通音乐教育学和音乐心理学，这类人太少了，音乐学院里也很少，而这类人应当出自我们师范大学，可惜我们没有很好地去引导、培植。

其他学科我不敢妄加评说，但道理是一样的，例如数学系总不能只研究数学本身的问题吧，也应研究从小学、初中、高中直至大学的数学教学的顺序和方法。现在，脑科学已经十分发达，以前我们一直以为数学思维只在左脑，现在发现右脑有时也会参与其中，因为形象思维会协助逻辑思维。不少大数学家、科学家都有音乐的爱好恐不是偶然的。南京一些小学已实验在柔和的音乐声中上数学课，并取得了初步成效。

所以我建议教师们从事本专业教育教学、心理诸方面的研究，这才能保持“师大姓师”的特色。我不是理论家，而是实践家，只会直话直说，没有理论高度，敬请读者见谅。

千磨万选始出来

——谈科研选题

黄志强

“万物皆流，万物皆变”。既然自然界和人世间的一切事物都是流动变化的，那么，“变则有本，流则有源”，而且，事物在其流动变化过程中必然会遗留下一些“蛛丝马迹”。根据所发现的一些残存遗迹，用科学的理论和方法去追本溯源，揭示其发生、发展、变化过程和原因并从中找出其规律，预测未来的发展趋势。此即我所理解的“科学研究”。

作为一名高校教师，在教学之余，我也曾长期致力于与本专业有关的科学研究。其内容与鲁南苏北地区第四纪特别是此时期以来的环境与环境变迁有关，如：海面升降和海陆变迁；河湖水系的生成演变；地形的高低起伏；某些矿产的形成、分布以及古地震的形成机制和发震规律等。其成果可见文后之简介。

近 20 年的科研历程，我不仅取得了一些研究成果，而且也获得了不少体验和认识，囿于篇幅所限，这里仅能就“选题”，谈点自己的做法和认识。

搞科研的第一步，也最重要的一步是要选择研究方向和课题。课题选好了，成功就抓住了一半。反之，则事倍功半，可能半途而废，或竟至于“一事无成两鬓霜”，后悔莫及，徒叹奈何！因此，搞科研的人对课题的选择，要反复斟酌，慎之又慎。

选择好研究课题必须考虑：该课题的研究是否具有理论意义和实际应用价值，同时也必须考虑自身是否具有开展和完成这一课题的必要条件，如理论水平、实际工作经验、资料积累以及时间和经费等。

经过反复酝酿和再三斟酌，我选择了“鲁南苏北第四纪自然环境与环境变迁”作为长期研究课题。

此课题的研究方向和内容是：地壳发展史上最新也是最近的一个世纪即第四纪包括人类有史以来的自然环境如山丘、平原、江河、湖沼等景观的现状及其发生、发展和演化过程、演变规律以及未来的发展趋势。

自然环境是人类赖以生存和生活的唯一空间和物质基础。第四纪特别是此时期以来，地球上的自然环境所经历的一系列复杂而巨大的变化，如气候的冷暖干湿，地形的高低起伏，海陆的沧桑变迁，河湖的产生消亡等都对今天自然环境的基本面貌产生了重要作用并在很大程度上直接影响和决定着今后发展的方向和进程。而自然环境的状况又直接影响和决定着人类的生产、生活条件和社会的盛衰。因此近年来人们日益深刻地认识到自然环境及其变化对人类现今和未来的生存和发展的重要作用。许多学者亦认为，全面了解和深刻认识人类赖以生存和发展的自然环境的现状，保护和改善自然环境并探索和研究未来发展趋势，是21世纪地球科学的前沿和重大课题。此课题的研究成果，将可供从事地质、地貌、考古、水利工程、国土规划工作者以及大专院校有关专业师生参考，所以具有一定的理论意义和实用价值。

我早年就读于南京大学地理系地貌与第四纪地质专业（五年制）。

经过5年的理论学习和多次野外实习，已初步掌握了该学科的一些基本理论和一套工作方法。

毕业后，我被分配到山东地矿局第七地质队工作，担任矿产的野外调查和工程施工的技术工作。每年在野外工作6～7个月，栉风沐雨18年之久。足迹几乎遍及沂蒙山以南、废黄河以北，东至黄海之滨，西迄鲁西及丰沛平原，这数万平方公里内的山峦沟谷、河湖平原、海滩草甸。长期野外工作，不仅丰富了我的工作经验，而且让我积累了大量的野外第一手资料，同时也发现了许多值得研究和探索的问题，为该项研究准备了基本的前提条件。

凡上种种，不仅说明我所选择的这个课题有研究的必要性，也说明了顺利开展实施这项研究的自身所具备的基本条件。

围绕这个课题的研究成果撰写的论文20余篇，已全部公开发表，可以构成一个小小的研究系列。但对于“鲁南苏北第四纪环境与环境变迁”这个庞大的自然环境体系的研究来说，这不过是万里长征的第一步。

近20年对鲁南苏北地区自然地理环境及环境变迁的研究，实际上是我对此前18年野外工作中所获资料以及存疑问题进行认识、发现的一次系统整理和再认识、再发现并使之理性化的过程。通过这一过程，我对自然地理环境的认识提高了一个层次，进入了一个新的境界。

现在，当我重新回顾那些曾经非常熟悉的寂静而固化了的山丘、河流、湖沼、海岸……一切似乎都活动了起来，充满了生命的灵气和活力，像动画片那样一幅幅、一幕幕闪现在眼前和脑海里。我为之兴奋并获得愉悦，大自然真是奇妙无穷！

与书结缘

邱鸣皋

治学，从读书开始，治学的全过程也必然融于读书之中。按照一定的知识体系读书，读透了，知识储备量充足了，自然有话可说，说出自己对相关问题的见解，这便是治学。没有读书，便没有治学。

我与书结缘，大约有这样三个阶段。

一是“开蒙”阶段。我的开蒙，不始于“洋学”（旧称公办小学为“洋学堂”），而是“旧学”，读的是《论语》《孟子》之类的“旧书”。这与先父有关。先父早年饱读四书五经，因清末废科举而未能“进学”，乃改教私塾，兼习中医。后来废私塾，兴“洋学”，先父则无所事事。我长到六七岁时，先父由于不相信洋学堂，不许我上小学，而在家教我读书，以家中所存的旧书为教本，教我先读《论语》。从此，我与“旧书”搭上关系，在穷苦困顿中，断断续续，一直读到我十三岁。考虑到如果要考中学，就必须考算术、常识，语文与我所读之书也不一样；恰巧我父要到外乡行医谋生，于是我进了小学，主要是补习算术、常识，两年后，我竟然考取了初中。在这一阶段，我读尽家中所存，接触了少量古籍，虽然囫囵吞枣，但也初步培养了阅读古籍的志趣与能力，对古籍有一种特别的感情。

二是在运河师范读书阶段。20 世纪 50 年代后期的运师，还有几位老先生任语文教师，他们的旧学、新学都很好。他们为学生开了不少讲座，在一段时间内，大约每周六下午在大礼堂里总有讲座，所讲都是古典名著，又往往提供一些参考书目。我参加听讲，并且详细做笔记，然后在图书馆借阅有关书籍，如郑振铎《插图本中国文学史》、刘大杰《中国文学发展史》《古文观止》《红楼梦》《水浒传》以及一些著名的别集。这一时期，对我开阔眼界、充实知识起了很大作用。

三是"文革"阶段。那几年，我一人坐在斗室之中，玩命似的结结实实地读了一些书，通读了《资治通鉴》和部分正史的列传；通读了《辞源》，并抄录了其中关于中国古典文学的词条，积稿半尺多高，这部分抄录，在我以后的教学中发挥了重要作用，保存至今；又在通读杜诗的基础上，试做了《杜甫年谱》（此为进一步理解杜诗而作，"文革"后，因同类著作颇多，而我的制作水平不高，未敢出版，仅存其草而已）；特别应提及的是，我在通读《陆放翁全集》（四部备要本）时，写了不少卡片，记录了一些资料，没料想竟在退休后写《陆游评传》时派上了用场，而距抄写这些卡片之时，已三十年矣。再者，我能于 1981 年为 77 级同学开《词史》选修课，并得到同学们的重视，也大大得力于这期间所读的词籍，而中文系开词学专题课，即从我的《词史》开始，影响了一些同学热心词学。孙中山先生说"甘面壁读十年书"。我的这种没日没夜的读书生活，远没坚持到 10 年，就被"工军宣队"的进校打破了。但我不久就调入院图书馆当采购员——这是我自愿申请的，原因就是那里有书，我必然靠近它，而我也很想借此远离那些没完没了的"运动"。我的读书生活也由此进入一个新的境地。首先是熟悉古籍书库，我把库藏一部一部地翻阅，为此搞了一本馆藏线装书书目，一方面供我熟悉古籍之用，另一方面是我采购古籍的参考。这期间，我到过上海、扬州等多家古旧书店，参观、学习、采购，兼而行之，在采购古籍的同时还采购了大批20世纪二三十年代出版的平装本图书、杂志，完整存世很少的原版《现代评论》杂志就是我在上海古旧书店的货栈仓库里淘得的。图书馆为我的读书提供了有利条件，白天上班面对的是书，可以广泛阅读，晚上更可以读个通宵达旦。这期间的读书方向，在于争取进入到“文献学”的层次，热衷于阅读目录、版本、校勘、古籍整理方面的书籍。读了《书目答问》《四库全书总目提要》，不仅扩大了关于书的知识面，更重要的是懂得了书是有系统、成体系的，即懂得了治学的门径。进入了这个门径，才能在浩如烟海的图书中，选取自己最需要的书，所研究的课题才能顺利进行，否则，读书虽多，书蠹而已。这是我在课堂上从未学到的东西。后来我在上课时，便有意识地向学生讲授这方面的知识，介绍参考书及其读法，以使学生能早些把阅读与治学结合起来，掌握治学方法，而不致于学习仅仅止于教材。

我与书结缘，所结主要是古籍，其大原则是不薄古人爱今人。多读古籍，是为根基；而今人(20世纪初以来的学者)所著，往往有胜于古者，以其铢积寸累，学术日趋进步。但所读之书，既不称博，亦不能约，只是形成了习惯，未尝一日释卷，孜孜矻矻，至于今日，匆匆近七十年矣！今日思之，心有不甘者，是我奉命做行政工作十五年，使我在最有用之年，消耗了时间与心力，及至退休，垂垂老矣，思维、心力俱无余勇可贾，遂致教书无成，治学落伍，辜负了与我结缘的那些书，真真惭愧了！

治学三题

汪缚天

关于读书与做人

近读一位著名学者说到读书与做人时写下的话语:“势力纷华,不近者为洁,近而不染者尤洁;智械机巧,不知者为高,知而不用者尤高。”我以为这对读书人与治学者在对读书与治学的目的认识和态度确立上有深刻的指导意义。

毫无疑问,读书和治学都有助于加强人的道德修养并提升人的精神境界。真正明确了读书和治学的目的,就能真正做到全身心地投入读书和治学,并从中得到快乐,感到满足。

无论是读书还是治学,都没有“捷径”可行,唯一能做也必须做好的事便是不断积累,以期厚积薄发。而在积累的过程中最要注意的是避免任何浮躁心态的干扰。我们必须承认,浮躁是我们所生活的这个时代的一个社会通病。社会中大量存在的各种“名”和“利”的诱惑常常对读书人和治学者形成严重干扰。一旦产生急功近利的浮躁情绪,就很容易在不顺利的情况下或烦躁不安,或轻易放弃,甚至不择手段以求功利,以至有的人在学术上最后走上一条不归之路。

总之,读书和治学必须具有正确的动机和科学严谨的学风,有了这种精神,就能最充分地调动自己的全部心智机能,创造性地运用科学的方法去读书和治学，而离开这一精神，读书和治学都无从谈起。

关于创新和个性

对一位治学者来说，最宝贵的品格莫过于具有“创新和突破”的精神。而真正实现“创新和突破”，必须力求最为广泛地占有资料并不断积累自己的研究心得。其中不可忽视的一点便是时刻注意专业的学术动态，即了解学术界对本专业研究的新信息、新观点，以避免个人研究的盲目性。

2011年6月，我应邀在全国礼仪师培训班上开设关于语言礼仪的讲座。同时上课的还有著名演说家李燕杰和著名礼仪专家金正昆等人。这就是说，我将要和国内顶级名家同台授课。被誉为“贯通文史哲，传播真善美，融合天地人，修炼精气神”的演讲大家李燕杰先生演讲的主题是“提高全民素质，塑造城市美好形象”。而备受观众喜爱的“用礼仪呼唤着中华文明”的金正昆曾担任央视“百家讲坛”的主讲，并多次在央视等著名媒体的礼仪节目中担任嘉宾。他演讲的主题是“践行礼仪，时代呼唤高素质人才”。在同一讲台上，如果我只根据原有的理论研究和占有的礼仪资料准备演讲，可以说并不费力（事实上我已多次应邀在社会上讲过），但是既然同李燕杰、金正昆这样的大家同台演讲，如果只是过去演讲的简单重复，所讲主题同他们并无差异，则注定不会受到欢迎。我想，我绝不能做这种自讨苦吃的事。唯一要做的只能是“求新”。于是，经过缜密的思考和认真的准备，我把演讲的题目确定为“口语信息传播的礼仪策略”。这既把这次演讲的内容扎根于我多年关于口语的专业研究，又能因在礼仪研究上具有一定的“新意”并在演讲过程中体现我的“个性”而明显地区别于李、金二位先生。这次演讲不仅受到听众的欢迎，也得到主办单位的充分肯定。

我深深地体会到，“创新”和“个性”的形成确实不易，但它是获得成功、得到肯定、体现其学术研究价值的必由之路。

关于“文理融通”

蔡元培先生早年说过：“治文学者，恒蔑视科学，而不知近世文学，全以科学为基础；治一国文学者，恒不肯兼涉他国，不知文学之进步，亦有资于比较；治自然科学者，局守一门，而不肯稍涉哲学，而不知哲学即科学之归宿，其中如自然哲学一部，尤为科学家所需要；治哲学者，以能读古书为足用，不耐烦于科学之实验，而不知哲学之基础不外科学，即最超然之玄学，亦不能与科学全无关系。”今天读来，尤觉其深刻。我们一向倡导大学应培养“文理融通”的高素质人才，实质上是要求人文精神与科学精神的交融与结合。在这方面，钱学森先生是光辉的典范。著名学者钱学敏教授在一次讲话中说道：“当他（钱学森）进行科学研究遇到难题，单靠逻辑推理百思不得其解时，转而靠艺术的形象思维方法去思考，往往得到意想不到的收获。音乐的梦幻、绘画的神韵、诗歌的意境……往往渗入他那缜密的、科学的思维之中，送来一缕活泼的灵气、新奇的启迪，迸发出智慧的火花。”无论学习自然科学还是学习社会科学，我们从这段话中至少得到这样的启发：一个人的审美能力的培育，艺术修养的形成，在提高和完善自身素质的过程中，是不可或缺也是不可替代的。当然，立足于此把自己培养成文理兼通、中外兼通、古今兼通的学识渊博的人才，能做到这一点，极不容易。但是不管怎样，对我们来说，读书总要尽可能扩大自己的知识面，治学总要尽可能开拓自己的视野，这种要求是毫不过分的。

一名大学生，如果在求学四年或更长的时间里，只读那有限的几十本教科书，而且只读本专业的书，从适应社会和专业发展的角度看，是无论如何也不够的。忆往昔，我在师大创办播音与节目主持艺术专业。我始终坚持并反复教育我的学生：一名合格的播音员和节目主持人的培养，不能只靠课堂教学中传授的极其有限的课程，也不能只靠一口标准的普通话和一张漂亮的脸蛋儿。必须阅读一定数量的文学作品，必须不断加强自身的美学修养，强化自身的审美意识，甚至熟悉一点哲学、史学等，都会在自己的专业成长中起到十分重要的作用。这个专业的毕业生目前在用人单位的突出表现已经充分证明了这一点。

教学相长

梁大志

我对于“教学相长”的话题有深切的体念，还是在改革开放以后学生可以自由思想，敢于向教师质疑的时候。

一次，“现代文学”课上，讲鲁迅杂文。一个学生举手要求发言，他说，鲁迅先生的杂文，我们一直在学，也喜欢，但它是以议论见长的。虽然叫它文艺性论文，实质上就是论文。到大学还把它放在文学课上讲，是不是有点文不对题？事发突然，我略感尴尬。幸好，关于鲁迅杂文的属性问题，历史的、现代的、当代的诸多说法，我有一些了解，并且对这个问题也有过思考。于是我肯定了他对问题的思考，同时，也谈了 20 世纪 30 年代关于杂文“既非诗歌小说，又非戏剧，所以不入文学之林”的说法与论争，还讲了直到现在美国的夏志清、香港的司马长风都还断定杂文“不能算作文学”。司马氏在他 1978 年 12 月初版的《中国新文学史》中还是把鲁迅杂文排除在外的。此外，我还就鲁迅杂文“常取类型”的文学性话题作了些泛泛的解释。从眼神看，学生并不以为然。我也觉得没说服力，“常取类型”毕竟是“常取”，它难以涵盖鲁迅杂文的艺术属性。最后我说，这个问题我们可以研究：不是文学，其情何以感染那么多读者，其篇章随着社会生活的变迁而不失其灿烂光彩？如果没有艺术的形态，他杂文中的艺术形象何以历久弥新，超越时空，传世不朽？

之后，我翻检了一些资料。首先觉得，一直以来，所谓“文艺性论文”（瞿秋白）、“诗与政论的结合”（冯雪峰）、“常取类型”（鲁迅）等论断，不是未能解决鲁迅杂文的文学属性问题，就是不能全面概括鲁迅杂文的文学本质。那么，鲁迅杂文究竟是以什么样的“艺术方式”把握世界，创建“形象化”的内质，从而使其具有永久的艺术魅力呢？

我根据鲁迅杂文“故意隐约其词”“含糊的居多”的表象，联想到西方现代派文艺中象征主义的艺术方式。“象征的森林”让读者通过联想去照应作者所描写的社会病态，作者以此表现自己的思想情绪。鲁迅在 1921 年介绍俄国作家安特莱夫的艺术时就指出其作品“使象征印象主义与写实主义相调和”“现出灵肉一致的境地”“很有象征气息”。抓住这个结点，我向学生讲述了鲁迅杂文所创造艺术形象的象征意蕴，诸如落水狗的狡谲，叭儿狗的媚谄，丧家狗的技乏，细腰蜂的阴毒，蚊子的奸损，苍蝇的丑恶，二丑的诡巧，变戏法者的贪诈等等。然而学生并不买账，他们说，这些形象在鲁迅杂文中毕竟是一部分，不像《野草》，虽然我们对其意蕴不甚了然，但其象征色彩是很明显的。我也觉得学生所说不无道理。但是我又认为鲁迅杂文的文学属性一定是与象征主义的艺术形态相联系的，因为鲁迅从 20 世纪初就十分在意象征主义对文学的影响，而且在他的创作中一直在使用着这种艺术方式（如《野草》《故事新编》）。于是我逐渐扩大对象征主义这一文艺流派的了解：从波德莱尔到莫雷亚斯，再到艾略特和勃洛克等等，学生们“逼”着我看了这许多枯燥的东西。结果我发现象征主义艺术必不可少的“暗示”，亦即鲁迅谓之的“曲笔”“故意隐约其词”“带着枷锁的跳舞”“含糊的居多”，是鲁迅杂文最重要的文学属性。它以“物化”了的“象征森林”，借助于历史上的、现实生活中的、自然界的个别物象与要说的道理、要抒的情怀暗中契合地联系起来，从而使暗示的意向更加深化，使暗示的辐射更加广阔。

纵观鲁迅杂文，其象征色彩所表现的艺术形态：（一）作者所写的一事一物，某种生活方式，人以及自然物的特征，通篇几乎都是作家思想的“客观对应物”和“情绪方程式”，如《二丑艺术》《现代史》《小杂感》《夏三虫》《战士与苍蝇》《生命圈》《论雷峰塔的倒掉》《一点比喻》《皇帝》《文章和题目》《帮闲法发隐》《野兽训练法》《火》《脸谱臆测》《隐士》等等。（二）与以上通篇“暗示”不同，鲁迅在嬉笑怒骂议论风生的“曲笔”文字中，经常设置一些象征物象，通过说理将其象征意蕴点化出来，这在鲁迅的杂文里俯拾皆是。事实上，任何象征艺术的文学作品中，不可能一肢一节、一字一句都是象征物象，但是，它们必然都与象征物象的象征意蕴相关。

当然，鲁迅杂文与其《野草》的象征形态是不同的。它是在陈述抽象的理念时，用形象化的方式，在曲笔“暗示”中完成了自己的艺术创造。鲁迅根据杂文艺术要求，把象征方式“拿来”，取其一端，加以改造，让其与自己的表情达理融合起来，增其含蓄暗示的美感。所以，鲁迅杂文是文学园地里的一枝奇葩，是毋庸置疑的。

我把自己的思考讲给了学生，并整理成《论鲁迅杂文创造艺术形象的象征色彩及其表现形态》一文，发表在 1988 年 1 月的《枣庄师专学报》上。16 年后 2004 年，一个偶然的机会，我在《文学评论》第 5 期上读到了青岛大学中文系主任姜振昌先生的论文《议论的“曲张力”与鲁迅杂感文体的艺术特征》。这篇论文全面系统深刻地论证了鲁迅杂文的文学属性，其核心论题也是在讲鲁迅的杂文“持续地奔腾着暗示的潜流”以及“曲笔”运用的“花样繁多”。我感谢学生的诘难，使我认真思考并论证过鲁迅杂文的文学本质；我也为“象征暗示说”有了同行知音而感到高兴。

教学风格中的师者本色

李慕寒

在一次往届学生的聚会上，毕业多年的学生对我说："在地理教学中，您的音容笑貌影响着我们，使我们不自觉地在模仿您的教学风格。"听后大为惶恐不安，没想到老师的一言一行对师范生影响如此之大，你在讲台上的一招一式，你的方法、技巧、艺术都深深地印记在学生的记忆中。过后回想：自己在中学、大学的学习中，不是也受着老师的影响吗？是他们引领着你的专业学习，规划人生的蓝图。

我调来师大从事教学工作有30年，在地理系主讲过"世界自然地理""人文地理学概论"，开设过"旅游地理""文化地理"选修课，调出地理系后，面向全校开过"中国民俗与环境"的公共选修课。教学中，自认不敢懈怠，兢兢业业备课，认认真真上好每节课，在吃透教材的基础上，能够抓住一条红线，贯穿其中，综合各自然要素，突出区域的整体性与差异性的特征。剖析某种自然现象，做到宏观与微观相结合，层层剥笋，找出主导因素。探讨民俗要素、南北地理差异的原因时，能从自然与人文地理的环境原因予以分析，在阐述某种地理特征时，能多方面搜集生动、形象、鲜活的例证，来印证"地理烙印"的存在。教学方法上，注意师生互动，调动学生的积极因素，并通过正反方地理命题开展辩论；组织旅游知识竞赛，列出课程120多条专题，鼓励学生撰写课程小论文;通过组织地理晚会,让学生演唱各地民歌等多种形式,活跃课堂气氛,增强学生学习地理的兴趣。学生主动学习的态度,也促使我在教学科研上向更多新的领域探索,师生合作撰写论文,教学相长,又提高了课堂教学的质量,取得了良好的教学效果。

课堂教学的这种反馈、回报,也开阔了我教学内容的视野,许多新的、多学科的交叉与结合,又引领了新的思考与收获。学生求知的渴望与新思维的活跃,让我眷恋三尺讲台,在我长期担任"双肩挑"繁杂的行政工作重担时,我没有放弃教学。不上课,不与学生面对面地交流,我会感到落寂与空虚。直到我调出地理系后,课程由青年教师接手,我又申报了公共选修课,延续了我在课堂教学的生命。没有教材我自编电子讲稿,在学生的帮助下,图文并茂,自成体系。直到2009年1月,我年满70,最后一节课临下课时向学生宣布:"这也是我教学生涯的最后一课,我已完成了在上大学时,为祖国健康工作50年的夙愿……"一段深情告别,华丽转身,辛勤耕耘几十年,终于坦然走下讲台,无怨无悔,真正走进退休的时光,享受休闲的适意。

2003年我从行政职务退下后,参加了科文学院的督导组听课,在5年内大约听了180人次的课。听课对象主要是青年教师,让我有机会学习了不同教学风格,不同专业课程的教学方法、教学艺术,领略了多姿多彩的个人教学魅力和影响。理工科教师在讲课时,逻辑推理性特强,步步推导,丝丝入扣,层层分析,引人思考。他们语言精练,语速均匀,停顿设疑,犹如行云流水,恰到好处。配合精准的措辞,边讲边板书,录音整理成文字即可出版成书。文科教师在讲课时,热情激昂,描述事物和现象,形象生动,活灵活现,引经据典,信手拈来,如数家珍。他们的语言流畅起伏，表情生动，随着人物和事件的深入描绘，肢体动作和面部表情完美配合，不知不觉已到了下课时间，讲者余兴未尽，听者感叹唏嘘，是一种美的文化享受。外语教学在课堂上很注重师生双边互动，充分调动学生的学习积极性，课前的英语小品和演讲，让学生有演练的机会；在有限的课堂教学时间内，听、说、读、写交叉运用，学生思维活跃，大胆表达，教师点评画龙点睛，课堂气氛活跃，人人跃跃欲试，教学信息量达到了极致，更重要的是学生从词到句，到一段课文，掌握了学习方法，开启了浓厚的学习兴趣。更为欣慰的是，大多数青年教师都能熟练地运用电化教学，课件设计生动形象，图文并茂，把教材的知识重点讲得清楚明白，教学难点能通过影视的案例分析，点评到位，扩大了学生的视野并及时补充现实的例证，与时俱进，弥补了教材的不足。以上的回顾和印象也是教学的优秀者才具有的个人风格。他们经过反复的课堂实践，不断总结经验，长时间地精雕细刻，才形成了个人特有的教学风格。

2011 年 8 月 81 届离校 30 年的聚会上，我见到了首届毕业的学生，他们都已步入壮年，个个成了“白骨精”（白领、骨干、精英）。而我们满头白发，老态龙钟，有的已去世多年，有的生病住院，留下的也都风烛残年，春蚕丝尽。聚餐时，苍凉之情，油然而生。看学生高声欢笑，举杯痛饮，频频敬酒，转而心想这正是“长江后浪推前浪”，课堂教学的薪火相传，才造就了教育的千秋伟业，人才辈出。

为学随笔

吕锡成

我原来是个中学教师，在中学里教了十几年语文。1980年调入高校，直到退休，在近20年的时间里，主要从事大学写作课的教学。

刚调入高校，我发现给大学生上课，与中学教学有很大的不同。为了适应高校教学，在理论上进一步提高，我加强了自己的学习，研读了许多高校写作教材和古今中外有关写作理论的著作，还阅读了许多优秀的文学作品。于是我的写作课的教学水平有了很大的提高，很快就能给本科生上课了。同时在教学之余，我写了不少有关鲁迅、孙犁、杨朔等著名作家的研究论文和写作方面的研究文章，发表在一些学报和理论刊物上。还参与了几部正式出版的高校写作教材的编写工作。这些年来我还写了许多散文、小小说、杂文、随笔之类的文章，发表在一些报刊上，获得了同事和朋友们的好评。总结自己几十年来的教学、学习和科研，我有这样一些体会。

一是为学没有捷径可走，必须沉下心来，花苦功夫，不畏艰难，坚持不懈，才会有所收获。古语说得好，“书山有路勤为径，学海无涯苦作舟”。那些有突出成就的科学家、学者、作家，都是在为学的过程中，付出了艰苦卓绝的努力，才取得成功的。我国古代著名医学家李时珍，不畏寒暑，跋山涉水，历经艰险，经过20多年的不懈努力，才写成了医学巨著《本草纲目》。西汉时期的史学家司马迁经过终身努力，克服了难以忍受的苦难，才完成了《史记》这部鸿篇巨制。明代的地理学家徐霞客，在那个交通非常不方便的时代，他却能克服重重困难，踏遍大江南北，最后完成了《徐霞客游记》这部极具地理学资料价值的著作。文学大师茅盾先生，青年时代如饥似渴地读书，顾不得光线昏暗，以致眼睛都出了毛病。

清朝著名作家蒲松龄的小说《崂山道士》，写了青年王生的学道经过，从反面告诉了我们为学无捷径的道理，很是发人深省。王生小时就仰慕道术，听说崂山多仙人，便去求师学道。他很幸运，拜了一位道术高超的道士为师。但是那位道士每天只让他去砍柴，过了一个多月，王生手脚都磨出了老茧。王生不堪其苦，想回去了，但看到那位道士的神奇道术，便打消了回去的念头，留了下来。可是老道士仍然不教他道术，只让他干一些杂事。又过了一个月，王生实在是“苦不可忍”“心不能待”，便向老道士提出，要求回去。他希望老道士给他“略授小技，此来为不负也”，要求老道士教他“穿墙而过”的本领。老道士便把口诀咒语传授给他。可是回家后，王生不但不能“穿墙而过”，反而撞倒在地，头上碰了一个大疙瘩，他气得大骂。其实并不能责怪那位老道士，而是王生自己不愿花费劳苦，想找一条学习道术的捷径，导致失败。

我自己多年来在为学的过程中，也是花了不少功夫的。我平时的时间，大多花在看书学习上。那时没有电脑，搜集资料，做卡片，都是用手抄写。我曾经手抄过一本有关《红楼梦》研究的 20 余万字的书，手上都磨出了老茧。

二是为学要打好基础。我国著名数学家陈景润说过:“我觉得学习上没有捷径好走,也无‘秘诀’可言。要说有,那就是扎扎实实地打好基础,练好基本功。”意大利著名画家达·芬奇开始跟老师学画的时候,老师天天要他学画鸡蛋,达·芬奇画得厌烦起来。老师便告诉他,你以为画鸡蛋容易吗?实际上并不容易,世界上没有两只鸡蛋是完全相同的。而且同一个鸡蛋,从不同的角度去看它,形状也不一样。我要你天天画鸡蛋,是训练你的视力,培养你的绘画技能。达·芬奇画了很长时间的鸡蛋,画了许多鸡蛋,也掌握了熟练的绘画技巧,这为他后来成了世界著名的画家奠定了扎实的基础。著名数学家苏步青还说:“没有基础,就不可能有所创造,有所前进。”可见为学打好基础,是多么重要。

我在打好基础方面是比较注意的。在中学工作的时候,我就喜欢看书学习,每天晚上都要看到很晚才休息。在那段时间里,我阅读了许多古今中外的名著,平时还经常翻阅各种文学杂志,自己也订阅了好几份文艺期刊,阅读的范围是很宽广的,获得了不少文学方面的知识。调入高校以后,我很快适应了教学工作,开始的时候教过“大学语文”,还教过“古代汉语”和“现代汉语”。我也很喜欢阅读文艺理论和美学知识方面的专著和文章。这些学习和教学实践使我的知识面进一步拓宽,对我后来主要从事的写作教学很有帮助。

为了教好写作,体验写作的甘苦,也为了获得写作经验,平时我也不断进行写作练习,使自己更好地掌握写作的基本功。我练习各种文体的写作,时间长了,我便掌握了许多文体的写法,写作水平有了很大的提高。我不但能写学术论文、文艺评论,还能进行文学创作,能写小说、散文、杂文等文学作品。多年来,我在高校学报和《新民晚报》《扬子晚报》等各种报刊上发表了几百篇文章。

三是为学要珍惜时间,并且要善于利用时间。为学不仅是要花费很大精力,甚至是要花费毕生精力的事,所以就必须有充足的时间来保证。有时候为了解决一个小问题,需要找许多资料,花很多时间。老一辈革命家徐特立说过这样的话:“想成事业,必须宝贵时间,充分利用时间。”著名数学家华罗庚也说过:“时间是由分秒积成的,善于利用零星时间的人,才会做出更大的成绩来。”伟大的文学家鲁迅先生说:“时间就像海绵里的水,只要你愿意挤,总还是有的。”著名数学家苏步青就非常珍惜时间,并且善于利用时间。他把零星时间比喻为“零头布”,而把整段时间称为“整匹布”。“整匹布”用来解决一些主要的大问题,“零头布”则用来做一些科研方面的小事情,总之是要充分利用时间。

在为学方面,我也是很珍惜时间的。我把大部分时间都花在备课和批改学生作业上,然后充分利用其他时间,来搞一些专题研究,写一些东西。比如,我会在带学生实习的时候,利用空闲时间写一些比较长的学术论文;而平时的休息时间和节假日,我大多用来写一些短小的文章。寒暑假的时间比较长,我经常外出做一些学术访问,为写作较大的东西作准备。当然,和那些有成就的学者专家相比,我对时间的利用还是很不够的。

其实有关为学值得谈的问题还很多,因为人们的禀赋各不相同,许多情况又都不一样,所以很难有什么统一的要求和准则。我谈这些,只是为了和青年朋友共勉,不妥之处请朋友们指正。

教师之所“忌”

吴大益

教师之所忌者甚多，我这里所讲的只是自己教学实践中的一点体会。

在我从教的生涯中，经常碰到学生的哲学问题，例如：

“我没有认识事物之前，怎么知道它是存在的？”

“人们怎么知道宇宙是无穷大的？”

“辩证法是绝对正确的，难道它也有相对性的一面吗？”

“马克思主义能一分为二吗？”

“真理有没有阶级性？”

“白马非马，这一命题究竟对不对？”

我知道，以上这些问题不是简单地用“是”或者“不是”，“对”或者“不对”，“有”或者“没有”，“能”或者“不能”就可以说清楚的，我一时不知从何回答。更有甚者，带着故意刁难的情绪提出“既然质和量是互变的，互为前提的，那么究竟先有蛋还是先有鸡？”。面对这样的问题，我往往瞠目结舌，无以为对。可是我是老师呀，怎么能说自己不懂呢？于是便不懂装懂，东扯西拉，都不知道说了些什么。

实在地说，我是被学生问倒了。究其原因有二：

一是我的知识有限。我对马克思主义哲学原理、西方哲学思想、马克思主义哲学史、中国哲学史、社会思想发展史知之甚少，不能从历史的角度和现实情况结合起来思考问题，对问题往往只知其一，不知其二；或者只知其然，不知其所以然，所以很容易被青年学生"将军"。

二是我被面子所累。我在讲课时，往往居高临下，自以为是，总觉得你们这些青年学生懂什么，我是名牌大学毕业生，我的学问出自名门，得到国内一流学者的真传。这种骄傲情绪，使得我不能正确认识自己，不思进取，在学术上深度钻研不够。当学生提问题时，明明自己说不清楚，搞不明白，但为面子所限，不敢承认自己不懂，反而不懂装懂，支支吾吾，试图搪塞过去。

我的体会，教师有两忌：一忌知识浅薄，二忌面子顾虑。为人师者，责任重大，他们是社会文明的传承者，要当好一个教师，必须克服这两忌。

第一，在知识上要不断更新，不断充电，真正做到教师要有一桶水，才能给学生一滴水。要深入钻研，沉下去，克服学术上的浮躁情绪，不满足表面上的解决，不弄懂问题决不罢休。我曾思考过一个古老的哲学问题，是古希腊哲学家芝诺提出来的。他说"人和乌龟赛跑，人永远追不上乌龟"，这是一个很有名的诡辩命题，它曾难倒过许多人。我经过认真思考以后发现，这个命题，如果撩开它的神秘面纱，就能看到其中所包含的辩证法思想。我弄明白以后，感到这是一次很好的科学思维方法的训练。如果能把这种思想方法教给学生，学生们就会觉得学哲学还是有用的。哲学课应该是高校的一门必修课。

第二，放下教师架子，丢掉教师面子。还是唐代哲学家韩愈说得好，老师和学生只是"闻道有先后"，"师不必贤于弟子，弟子不必不如师”，老师不是什么都懂的人，当碰到自己不懂的问题时，应不耻下问，向学生请教，这叫“师生相长”，师生关系应该是朋友关系，在做学问上，要互相切磋，取长补短，共同进步。

良好状态成就高效工作

王太昌

我有幸参加了几次关心下一代工作委员会有关青年教师情况的调查，发现不少青年教师压力很大，面临着工作、进修、职称、科研、经济等问题，有的还要照顾小孩、老人，该做的事实在太多了，总觉得时间不够用，很多青年教师几乎天天工作到深夜。然而，有的人工作时间虽长，但效率却不高，身体状况也不够理想。我认为，青年人要非常注意自己的身体健康，使自己时刻处于最佳的工作状态。

这件事很重要也很简单，做起来却并非易事。有的年轻教师认为自己还年轻，没有到“怕死的年龄”，这是不对的，到了真正“怕死”的年龄再进行身体锻炼就为时已晚了。我们常说，身体是革命的本钱，它也是高效率地从事任何工作的前提。有句格言是“天才出于勤奋，聪明在于积累”。这句话是不错的，但这并不意味着只要勤奋就能取得成功。我从几十年的工作中体会到，勤奋要有效率，还有个前提，就是工作时能集中注意力。因为无论什么样的创造性劳动，注意力集中的程度，都决定着学习和工作的好坏。苏东坡诗曰：“与可画竹时，见竹不见人。岂独不见人，嗒然遗其身。”只有这样集中精力，全神贯注，作画方能神化，治学方能深造。科学史上最有创造性的人，往往都是特别能集中注意力的。我在中学时代很崇拜牛顿，牛顿有个故事：早上起来煮鸡蛋，煮完鸡蛋想拿来吃时，一看是个怀表！这件事说明什么？说明牛顿思考时注意力很集中，以至于把怀表当成鸡蛋煮了都没有发现。爱因斯坦的天才也表现在特别能集中注意力。爱因斯坦可以连续数小时完全集中注意力，而我们大多数人一次只能几十分钟。这清楚地揭示出了优秀科学家与常人的不同之处。希望青年教师在集中注意力的前提下勤奋，注意力不能集中的勤奋是起不了太大作用的，不仅效率低，而且会把身体搞坏。

一个人能集中注意力的时间长短受生理因素的影响，也有心理因素的影响。

生理因素有先天有后天。看小孩学习，首先就是看他能不能集中注意力。有些小孩很小的时候就能长时间地集中注意力，这种小孩往往长大后在他的学习和工作上都可能做得比较好，这是先天的。后天因素最主要的一点是要保证脑部供血充足。脑部供血充足时注意力最容易集中，思考最容易深入。为了使脑部供血充足，第一要充分休息，第二要适量运动。不要在精神不好、脑部供血不充足的时候还去"开夜车"，不要让脑部过分疲劳。"不会休息的人就不会工作"是很有道理的，我比较早地意识到了这一点，只要头脑不清醒了就去锻炼。有的年轻人，在电脑上工作累了，就随便浏览一下网络其他内容，有的干脆就玩一会儿游戏，这样大脑还是没有得到充分休息。伏案工作或者在电脑上工作一段时间后，一定要活动一下，否则，等到年龄大了以后，腰椎、颈椎就会出问题。适量运动非常重要，我年轻时一直坚持跑步，现在老了，坚持冬泳、爬山，所以现在我感觉精力还算可以。这里讲的是"适量"运动，要因人而异，过量运动反而会使人疲劳，时刻想睡觉。每个人的生理特点都不一样，每个人都应该努力地、自觉地去经过实践认识自己生理的特点，找出最适合自己的运动方式与强度。锻炼身体也要与学外语一样，把零碎的时间用起来，利用早晨、晚上、工作的间隙、走路等零碎时间进行锻炼，要尽量多走路、少开车。要身体好，精力集中，还有一个重要方面就是合理膳食，营养均衡。年轻人体会还不深，还没有认识到这方面的重要性。例如，在酒桌上有的人吃得太多、太饱，既不利于健康，也不利于精力的集中；按照徐州人的习惯，谁喝得多，谁就感情深，谁就热情。但喝酒也有两面性：酒精使人兴奋，写文章、写诗时容易做好，比如“李白斗酒诗百篇”。但酒喝多了之后，大脑要集中注意力，要深入地思考问题就很难了。酒精是使人丧失注意力的一个重要因素，所以脑力劳动者要特别注意戒烟限酒。

心理是使人注意力集中的另一个关键因素，所以要保持心态平衡。心理因素是比较复杂的。随着经济的发展，商业化和市场经济带来的一个后遗症就是容易使人浮躁。工作和经济上的压力以及谈恋爱等事情的干扰，也会使人注意力不能集中，像“宁静致远”这样的意境现在已经不常见了。如果只想着经商，快速地发财，心理就失去平衡，静不下心来，就难以在科技上有所创新。希望我们学校能够创造一种气氛，让大家都要静下心来，不要让外界环境扰动内心的平静。

总之，我认为年轻人要根据自己的生理、心理特点，找到自己最佳的生活方式，适当运动、平衡心态、合理膳食、戒烟限酒，保持身心健康，工作时能集中注意力，使自己时刻处于最佳的工作状态，力争取得事业成功、实现家庭幸福、保持身体健康。

学林中的诗意徜徉

——我与“新诗研究”

徐荣街

青年时代，我曾如醉如痴地沉迷于诗歌创作。20世纪60年代初，也曾写出了一些引起“轰动效应”的篇什。1963年前后，我在《中国青年》杂志等刊物上连续发表了《你只有二十二岁》《接班人之歌》《绿野放歌》《革命航船颂》等诗作，通过中央和省级电台的不断播送和一些大型诗歌朗诵会的多次朗诵，在全国青年读者中产生了较大的反响。那时候，对于诗歌的时代主潮，我是狂热追逐的。在激昂的集体大合唱中，还没有找到自己的声部，“文革”结束时我便进入了“散文化”的中年。后来，尽管我还有《眼睛》《蚕蚁》《落叶》《杜鹃吟》《童年：放飞风筝的季节》等短诗，在《解放军文艺》《诗刊》《雨花》《花溪》等刊物上发表，但却将主要精力投入到了中国现当代文学教学和新诗理论研究中去。

凭借着对诗歌的基本感悟能力，我非常自然地由创作转入了评论，并在中文系高年级开设了“中国现当代诗歌研究”专题选修课，后来又招收了十多届共30余名“中国新诗理论与批评”方向的硕士研究生。在多年来对研究生的指导中，我讲授过“中国新诗史略”“国新诗社团流派研究”“现代诗学概要”“新诗名家精讲”等多门课程。我认为:近百年来,中国新诗取得了令人瞩目的成就。它一直在继承和发扬我国的诗歌传统,又一直在寻求现代形式和现代技巧,积极追逐着世界诗歌潮流。一方面,它要对几千年来的文化传统重新审视、取舍和发扬;另一方面,它又要对纷至沓来的形形色色的西方文化思潮进行判别、选择和汲取。中国新诗的发展势必在传统诗歌和现代诗歌两大板块的撞击、交融和互补中发展,舍此,别无终南捷径。因此,只有对"五四"以来诗坛上不同风格、不同流派的有影响的诗人进行深入、系统的研究,回顾新诗的创作历程,总结优秀诗人的创作经验,才能推动新诗的繁荣与发展。

基于上述认识,我沉下心来对"五四"至当代有影响的冰心、闻一多、朱湘、徐志摩、冯至、戴望舒、艾青、臧克家、何其芳、贺敬之、郭小川、闻捷、绿原、牛汉等14位诗人分别作了专题研究。对他们的创作道路、创作思想、诗歌的艺术风格及其在中国新诗史上的地位,进行了多角度的评述,1989年10月完成并出版了《中国新诗人论》。《中国新诗人论》出版后,得到读者和专家的好评。《江海学刊》1990年第5期曾发表题为《诗苑英华精心采撷》的文章,认为《中国新诗人论》立论公允,内容翔实,艺术思辨达到了较高的艺术层次,呈现出一种属于自己的理论追求和价值取向。扬州大学曾华鹏教授认为《中国新诗人论》显示出作者"较强的艺术感受力,又表现出较强的理论概括能力。他能按照诗歌创作的特点去体会、发现、感受一些诗篇的美与魅力,又能从理论高度准确地把握住每个诗人的特点。他的诗歌研究具有较高的学术价值"。北京大学谢冕教授认为:"作者理论允当,见解新颖,论析切实深入,引用资料广泛翔实,在现代新诗研究中具有较高的学术水平。”这些评论自然多有溢美之处，但对于我无疑是热情的鼓励与莫大的鞭策。

对于艾青，我作过精心研读，也曾系统地搜集过评论资料。早在1979年艾青复出时，我就计划写一本《艾青论》，后来因为在新诗流派和新诗史等方面投注了较多的精力，便没能实现这一心愿。在艾青研究上，我只写过《论艾青早期的诗》《艾青创作思想初探》《咫尺应须论万里——艾青短诗论》等几篇论文。1991年8月25日，“艾青作品国际研讨会”在北京人民大会堂隆重召开，来自全国各地和许多国家地区的诗人、学者300余人参加了开幕式。我在5月初便接到了艾青夫人高瑛寄来的会议通知，并用了一个多月的时间，准备好了出席会议的论文。我提交的长篇论文《艾青：挚爱土地和人民的诗人》，着重论述艾青诗歌的爱国情感和民族精神，同时也论及他的作品的忧郁色彩与忧患意识，并探讨了这种色彩与意识形成的原因。这在当时的艾青研究中还算得上是有见地的。论文以显著的位置收入《艾青作品国际研讨会论文集》中，产生了较好的学术反响。

1999年11月，中华书局（香港）出版了我的一本小册子《湘西之子：沈从文》，这是向海外介绍中国现代作家的一套小丛书中的一种，也是我诗歌之外作家研究的新收获。漫步在沈从文的悲喜人生和充盈着诗情的小说、散文作品之中，无疑也是一次“诗的散步”。

2000年5月，我的又一本新诗研究专著《二十世纪中国诗歌论》出版了，这是我多年来致力于新诗研究的又一项成果。《二十世纪中国诗歌论》力求用新的思维框架，采取经纬交织、条块结合的思路和方法，对中国新诗作了多角度、多层次的审视与探讨。纵的方向，通过对各个时期主要新诗流派的梳理与评述，显示出中国新诗发展的进程与轨迹；横的方向，以重点诗人、诗作为布点，展示出不同历史阶段上新诗创作的面貌。“流派论”“诗人论”“诗学论”三个大块，各自独立又相互渗透，交织成一个整体。山东教育出版社乐于使用本省的“教育出版基金”，无任何附加条件地出版我的这一本专著，作为外省高校的一位教师，我被他们的选题眼光和关心学术的无私精神深深地感动。

2008年8月，我结束了在徐州的所有教学工作，在经历一次大的手术之后，来到深圳清享“退休之乐”。从此，我有了难得的完全属于自己的“大块的时间”。在沉静和孤寂之中，我开始做一件力不从心的事：在生命之火熄灭之前，写一部《中国新诗百年史》。先计划8年，后又缩短为6年完成。经冬历夏，寒暑不舍，趁着视力尚未迅速衰退，加紧敲打键盘，现在居然已写出了50余万字。

“诗歌史”是后人对以往诗歌历史的一种书写，是以当代的眼光审视、评判诗歌在每一个历史阶段的流变与发展。新诗史的修治者要有一种“大视野”，一种“全景式”的诗学观念，要善于梳理、整合、删繁就简、撷英拔萃，使新诗史的写作从贪多求全、平庸叙述的“教科书”式的误区中走出来，从而显示出写作者的个人风格与神采。我知道，“中国新诗史”的写作至今仍是一件艰难的、富有探索性的工作，我乐于奋一己之力而为之。

积40余年教学与科研工作之甘苦，我切身体会到在治学的路上永无歇步之日。前人治学的经验很多，我想，择其要者约略有三：

1. 由博返约，精修一门，是治学的途径。正如鲁迅所说：“读书‘浏览’是重要的，但光‘浏览’不行，那样会成为‘杂耍’，是不会有成就的。应该在‘浏览’的基础上，然后抉择而入于自己所爱的较擅长的一门或几门”。

2. 立言抒意，自成新语，是治学的目标。韩愈认为学习前人，要“师其意不师其辞”。不必拘泥于先贤的章句文辞，而是要学习古人文章中的思想和方法。不能俯仰随人，拾人牙慧，要有自己的真知灼见，并且能“闳其中而肆其外”。也就是说，要自立风格，很好地把学习与独创结合起来。

3. 勤奋严谨，踏实认真，是治学的态度。要振奋精神，孜孜以求，锲而不舍，一丝不苟。知识和能力的获得，是日积月累的结果，水滴石穿，绳锯木断，任何学术成果的获得，无不是血汗和毅力的结晶。

我的胸中
自有一副炉锤
痴情的烈焰
烧沸炽热的钢水
一千次淬火
一万次锻打
思绪和文句啊
愿你精炼而纯美

这是我曾写过的一首与治学、创作相关的短诗中的诗句，抄录下来，与同仁共勉之。

精心设计上好课

陈利国

上好一堂课当然有多方面的因素，我认为精心设计是诸因素中一个重要的因素。其实，不仅是上好一堂课，就是讲授一门课程，要取得较好的教学效果，也应整体考虑，合理安排，精心设计。

“高等代数”是数学科学学院设置的课程中最重要的基础课程之一。讲授这门课程的老师都知道，矩阵的若当标准形是矩阵论中一个重要内容，它在数学、力学和计算等诸多领域都有比较广泛的应用。这篇短文拟说明讲授这样的内容，精心设计十分必要。

众所周知，目前的教学基本上是依照选定的教材来展开的。在选定了教材后，它便是教学之本。一般不宜做大的变动，更不能另搞一套。但为了学生更好地深入理解某一重要内容，有时也应做必要的调整。当然这种调整必须十分谨慎，且要精心设计。

数学科学学院的“高等代数”课程，多年来一直以北京大学数学系编写的《高等代数》为教材。前面提到的若当标准形的内容，安排在教材中很靠后的地方，叙述又非常简练。如果机械地按教本讲授，仅仅讲述若当标准形的概念与相关的结论，大多数学生将停留于表面的理解与形式的掌握。要改变这种情况，提高教学效果，就要讲清楚标准形这个关键性的概念。值得注意的是，在若当标准形的概念出现前，教材在二次型理论中已有二次型的标准形、规范标准形的概念。学生自然会问：二次型的标准形与若当标准形是否一致？有无异同？为了较好地解决学生的这种困惑，也应讲清楚标准形这个概念。

标准形的概念，其实早在二次型这一章前，即在引入矩阵不久就蕴含其中了，只是没有明确提出来。如果在这里明确标准形，就能使以后论述标准形的问题变得顺当、简练。另一个好处就是在介绍矩阵运算的法则与技巧时，增添一点理论的味道，既不加重学生的负担，还有利于引起学生学习的兴趣。基于对教材这样的分析与认识，我觉得在介绍矩阵的初等变换后，特意补充标准形的概念是适当的，这样的安排可以说是一种精心设计。

那么如何介绍标准形？这就涉及集合、关系、等价关系、集合的分类等概念。这些概念怎样引入，孰重孰轻，备课时应细加考量。

集合的概念学生在中学里已熟习，当然可直接使用。集合元素之间的关系一般都用元素的有序对来定义。这样的定义虽然现代，但较抽象，对于低年级学生还不相宜。为此，我“别有用心”地挑选了一些例子。这些例子有生活中的，也有初等数学中的。这些例子说明集合的元素间常常会有些关系。进而分析其所具有的特点，指出元素的关系可以理解成一个特殊的命题。命题对于学生是熟悉的，用命题来定义关系，学生容易接受。在此基础上，在性质不同的众多关系中，区分出所谓的等价关系，并结合前面有意列举的例子来具体印证。

集合的分类是易于理解的概念，重要的在于用数学语言来刻画。紧接着就要研究等价关系与集合的分类之间的紧密联系。这样紧密的联系将其表述成一个定理：集合 S 的一个分类决定集合元素间的一个等价关系，反之，集合元素间的一个等价关系决定S的一个分类。

这个定理的证明不算难，学生是可以接受的，所以严格地证明了这样的证明能加深学生的印象并明白等价关系之重要。通过证明也能让学生掌握一个等价关系是如何决定一个分类的。

接着的问题是对于一个分成了等价类的集合如何有效地、方便地研究？这时，“代表”“具有某种先进性的代表”便应运而生，而按照某一标准统一推选具有先进性代表的想法与课题也摆到了学生的面前。

为了让学生更浅近、更具体地理解这些问题，我在讲授中特意地举了一个例子。将有理数集按“相等”这个等价关系分类，每个类都是由相等的分数组成的，而不同类的分数是不等的。把每个类的既约分数作为代表，实际上就是标准形，约分则是获得这种标准形的方法。这时，学生自己也会突然觉得高大起来，原来小学算术里学的约分与既约分数也可以这样来看！这是一种全新的认识，当然是高了许多的认识。

教学实践表明，按这样的设计进行讲授学生是有兴趣的，更重要的是在以后遇到标准形问题时，只要稍加指点，即可收到良好的效果。由于学生印象较深，在他们毕业10年来校相聚时，还有学生会讲到标准形的这种讲法对于他们后来的学习与工作十分有益。

教学实践也表明，精心设计源于对教材的分析与认识，也需要经验的积累。

精心设计是多方面的，概念的引入、性质的讨论、定理的证明、理论的展开与深化，甚至板书的布局等等，在备课时都要事先设计好。这样，课堂教学才能在整体上得到把握。

优化课程结构，编写创新教材

吴子汇

我国著名数学家姜伯驹院士曾说过："随着科学技术的发展，数学课程要不断改革，其中以几何课程的改革问题争议最多，难度最大。"出席美国1998年科学年会的科学家和教育家认为："21世纪的教育应当把几何学放在头等重要的地位。几何学具有较强的直观效果，有助于提高学生认识事物的能力，应当成为自然科学教育大纲中的首选和重点内容。"

以1999年9月中国矿业大学出版社的《高等几何简明教程》为核心，我们大胆创新地把解析几何、射影几何和几何基础3门课程整合为一体，不但减少了课程量、压缩了学时，而且突出了重点、加强了基础。后从网上得知，该书已被中国科技大学图书馆收藏，且被台湾《新书一览表》收录(分类号3168845)。2000年6月"高等几何"被评为江苏省二类优秀课程；2001年2月"面向21世纪的几何课程体系改革"项目获得江苏省优秀教学成果二等奖。

《高等几何简明教程》是我们几何教研室坚持教材建设20多年的结晶。第一，它更新了教材体系，平面射影几何部分创立了一种把科学性与可接受性相结合的新体系：一方面把仿射几何作为从欧氏几何过渡到射影几何的桥梁以便于学生接受，另一方面采用射影平面的解析定义，把射影坐标放到应有的重要地位，用与度量无关的射影坐标来定义交比，从而保持了射影几何固有的独立性。第二，它简明扼要，打破了一般教材每个定理必证的老传统，分三种情况区别对待：有些定理明确指出证明从略（只要求理解）；有些定理只给出直观解释；而某些重要定理则尽可能给出严谨而简明的证明，从而使篇幅大大压缩（只相当于传统教材约一半）。第三，它注重联系生产实际和中学实际，大大增强了学生的学习兴趣。如造船弯管放样、发电厂冷却塔、无心磨床导轮、太阳灶、射电天文望远镜、扭壳屋顶等；又如从笛沙格定理和巴斯加定理可分别演化出欧氏几何里的 12 条定理和上百条定理，仅用一根直尺可作圆、椭圆、双曲线、抛物线的切线，在一定条件下仅用直尺可作平行线和线段约中点等。第四，它对于未来的中学数学教师而言，在几何素质的修养方面将起到重要作用：基础的培养（公理法思想，对偶原理，交比，配极理论等）；眼界的开阔（扩大几何视野，了解罗氏几何的射影模型）；见解的提高（几何学的群论观点，射影、仿射、欧氏三种几何间关系）；思维的活跃；方法的多样。

1996 年暑假我去盐城函授“高等几何”，以下摘录 1997 年 3 位学员的来信：“本学期我正好任教初一几何。在引言部分教学中，我把高等几何中的一些规律、结论展示给学生，有效地激发了学生学习几何的兴趣，受益匪浅。”“先生的课我今生难忘。学了这门学科，对作为一名中学数学教师的我来说，的确能站得高、望得远，对于很多的几何问题我们能从不同的角度来了解它、把握它。”“通过您的言传身教，不仅使我们提高了数学专业水平、丰富了数学教学方法，同时更使我们懂得了作为一个教师应具备的敬业精神。我将永远记住您这位可敬的老师。"

在课堂上我们注意联系社会实际,加强素质教育,重视教书育人。如利用重大纪念日或国内外发生的大事等,适时地对学生进行爱国主义教育、社会主义教育、革命传统教育和专业思想教育,效果特别好。1993 年 9 月 24 日我在专科 93 级 2 班"解析几何"课上说:"今天早晨,中央人民广播电台广播,北京申办 2000 年奥运会以 43 票对 45 票失利,悉尼获得第 27 届奥运会的申办权。申办不成功的原因很多,我想其中一个重要原因是经济实力。我国是个发展中国家,奥运史上的 27 届奥运会中在发展中国家举行的只有一届,就是墨西哥城。我国正在建设四个现代化,而关键是科技现代化,科技靠人才、人才靠教育、教育靠教师……"2000 年 9 月 18 日我在 00 级 2 班"解析几何"课上说:"今天是'九一八'事变纪念日,59 年前(1931 年)的今天,日本军国主义发动了大规模武装侵略我国东北地区的"九一八"事变,不到半年就占领了东北三省。历史的教训是落后就要挨打,要根本改变我国落后面貌,就必须大力发展科学技术,而科技靠人才、人才靠教育、教育靠教师。你们作为未来的人民教师,应该有自豪感、光荣感和责任感!希望同学们珍惜来之不易的学习机会,努力把自己培养成德智体全面发展的人才,成为建设中国特色社会主义的栋梁之材。我国将在 21 世纪某个时候超过美国而成为世界第一经济大国,这个目标很有可能在你们这一代人身上实现。希望大家为争取早日实现这个伟大目标,为振兴中华而努力奋斗!"

读书是生命的“光合作用”

张素珍

教师的职责是教书育人。教师是指引学生读懂人生的人，鼓励学生以积极的心态，勇敢地面对未来，承担国家发展的重任。因此，教师一定要使学生明白读书的意义，引导学生去认真读书，教会学生从读书中养成独立思考的习惯和能力，以独特的视角去看待生活、自然和社会。人生之阅读犹如植物之光合作用，可以说，阅读是人的生命的“光合作用”。

书籍是一泓浸润人心的清泉，唯有潺潺不绝，方能给人以精神的动力和养料，使人心胸豁达、目光高远、明白事理，成为一个心智丰沛的人，一个目标高远的人，一个成功概率大的人。

犹太人视书本为珍宝。书本哺育了如马克思、爱因斯坦等杰出的思想家和科学家，培养了许多人类的精英。据统计，有129位犹太人获得了诺贝尔奖，占全部得奖人数的32％。

在俄罗斯人的心目中，书籍与面包同等重要。他们相信阅读的力量永远闪烁在不朽的经典里。高尔基说过，对于有文化的人，读书是高尚的享受。凡能识字读书的人都有这样的体会。

莎士比亚曾说：书籍是造就灵魂的工具。他的话得到了实践证明。真正的阅读，既是一番心灵的享受和洗礼，也是一次分享别人思想成果和智慧的机会，甚至还会有一种和老朋友倾心交谈的感觉。歌德也说：读一本好书就是和许多高尚的人谈话。读者聆听作者倾诉肺腑之言，从中获取经验和智慧。只有勤奋读书，博采众长，才能站在前人的肩膀上，谱写出美好的人生乐章。读书对人确有一种养智、养德、养性的作用。

阅读的传统，同样贯穿在中华民族五千多年的光辉历史中。自古以来，中华民族信奉“不学诗，无以言”，以“耕读传家”为高尚家风，以“学富五车”为不懈追求。读书的传统像血液一样融入人们的生活中。

有学者这样说：阅读能使人遨游在辽阔的空间和漫长的时间中，把无数的智慧和美好对比着愚昧和丑陋一起呈现给你。区区五尺之躯，短短几十年光阴，居然能驰骋古今、神游天地，这种奇迹的产生，至少有一半要归功于阅读。一滴墨水可以引发千万人思考，一本好书可以改变无数人的命运。以好书为友，学会在阅读中经营生活，能少一点平庸的困扰，多添一分人生的精彩。读书对人来说，是一种充实精神思想、怡情养性的快乐事。

做学问的第一件事，必须掌握和阅读大量的材料。谁的阅读量最大，谁就占有优势。凡是学问大的人，必然有读书的好功夫，像马克思、毛泽东都是读书多且透的人。他们的许多思想、理论既源于又得益于他们读过的书本。他们不仅能广泛地吸纳知识，而且能融会贯通，因而能推陈出新、与时俱进，得到发展和创新。

所以说，读书不能死读书、读死书。歌德对读书有这样的见解，经验丰富的人读书用两只眼睛：一只眼睛看到纸面上的话，另一只眼睛看到纸的背后。就是说，潜心攻读的同时要勤于思考，用心智感受文字，用心灵与书对话，读出书背后的意境。读书使人贤达，只有把书籍当作精神食粮，才能增长智慧和力量。

读书要读好书、读经典；不要贪多、不要太杂。读书不能像漏斗，匆匆流过，点滴不留；也不要像海绵那样，不分洁垢，兼收并蓄。读书要像淘金那样，清除沙粒，拣取金豆，学会去芜存精、去伪存真。更重要的是要学会理论联系实际，运用于实践，并在实践中不断提高、升华。

读书的真谛在于滋养自己，提升自己，为自己塑造一个有血有肉、丰富多彩的人生。读书一生，不输一生。一个个精彩的人生，汇聚成时代的强音。一个民族的精神境界，取决于这个民族的阅读水平。这是毋庸置疑的真理。

谈谈如何搞好课堂教学

周明儒

常言道，教无定法，教有常规。首先，每一门学科都有它自己的特点，也就应当有它特殊的教学方法和不同的备课要求；其次，对于不同的教学对象，应当采取不尽相同的教学方法；再者，每一位教师都有自己的客观情况，有自己熟悉的或是喜欢的教学方法，有一己之长也有一己之短。因此，教无定法，教师应当遵循学科特点，适应教学对象，注意扬长避短。但教有常规，就一般而言，我觉得，要搞好课堂教学，应当注意的一些主要的共性问题有以下几点：

一、必须认真地备好每一节课

备好课是教好课的基础。我认为备课应当做到以下几点：

（一）只有备好一门课，才能真正备好一堂课。备好一门课是指不仅对全书的内容、理论体系、知识结构有一个宏观的把握，而且对本课程与前面开设的课程及后继课程之间的关系有一个清楚的了解。只有“全书在胸”，才能把每一堂课讲到位；也才能做到这一门课程的教学前后呼应，浑然一体，既有对本课程后面教学内容的铺垫，又有关于对后继课程影响的必要提示。

（二）特别要备好第一次授课。包括第一次开一门新课，第一次用一本新教材，第一次对性质不同的对象授课，事隔多年又重新讲一门过去讲过的课，都要特别认真。一门课第一次讲授要下大气力，力争把教材中的难点、细节都搞清楚，不留夹生饭；力争把相关的主要参考书重点看一看。这样做，不是说可以“一劳永逸”，而是可以“一劳永益”。

（三）教无止境学无涯，任何教师在讲课之前，都应当备课。新老教师只是备课的侧重点不同，工作量有别而已。当然，在教学管理方面也应当对不同的教师有不同的要求，太强调备课的格式化、形式化，不符合客观规律。

（四）备课应当备好“教”与“学”这两头。教师既要清楚大纲的精神，把握好教学的要求，也要清楚当前学生的基础、心态和期望。这一点大家往往注意不够，新教师缺少前人的指导，老教师又往往凭过去的经验，对现实情况了解研究得不够。在教学要求的把握上，过低的要求，避重就轻、避难就易，是不负责任，这固然不好；但过高的要求，不切实际，“对牛弹琴”，也不可取。青年教师往往对学生估计过高，要求过高，或者操之过急。

（五）最重要的是要备好概念的阐述、结论的发现、难点的突破、易犯的错误、规律的总结、结论的引申以及可以进一步思考的问题等。

（六）要备关键的教学语言，备课堂板书内容和板书计划。

（七）要回顾过去讲课后的“教学后记”和批改作业记录，吸取经验教训。很多教师在上完课后没有对教学情况作记录的习惯，对学生作业中的错误也懒得记录。其实，教学中的成功与不足，学生学习中出现的问题，都是教师教学的宝贵财富。注意到这一点，就可以针对学生以前学习中的问题，在本堂课的教学中注意必要的提醒和预防。

（八）认真考虑学生课后必要的、适量的作业，明确每一题应当达到的要求和整体的要求。

（九）教案或讲稿应至少在授课前一天写好，课前再看一遍，注意发现问题，考虑讲法，有无补充或修改。

二、讲课是一门艺术

备好课只是讲好课的基础，把课讲好需要有正确的指导思想，也需要具备良好的综合素质。讲课本身就是一门艺术。我觉得讲课应当注意以下几点：

（一）面向全体，兼顾两头。面向全体学生是教学工作的一个基本原则。课堂教学必须做到照顾多数，实事求是；兼顾少数，因材施教。对学习较差的同学应积极引导，不姑息迁就；对学习较好的同学也应提出问题，鼓励其进一步思考。

（二）把握重点，讲清关键。课堂教学的要点是把重点讲透，难点讲通，关键讲清。面面俱到、平均用力的课堂教学是不可取的。对于大学生，特别是对高年级学生，有些是点破即可，而有些是点到即可，一堂留有思考余地和思考问题的课才是好课。

（三）语言准确生动，板书简洁醒目。我觉得，教学语言的基本要求是应当做到：明确肯定，明白无误，清晰易懂，简明生动。至于幽默、风趣、形象、富有感染力等，则是更高的要求，也不是每个人都能达到的标准。“字如其人”，教师板书的好坏，往往给学生带来长久甚至是终生的记忆和影响。板书不仅是字写得好坏，还应当整洁、有序、简明、醒目。重要的板书应当在课前考虑好计划，应当注意图线、色彩的运用。

（四）基本功缺一不可。基本功不仅包括教学语言和板书，还包括熟练准确的演示实验、徒手绘图，以及多媒体的使用等能力。

（五）合理运用多媒体。多媒体教学手段的运用已经成为现代教师的一项基本功。多媒体手段可以把一些比较抽象的概念、超越时空的事件和事物，生动形象地向学生们展示出来，这是传统教学方法无法比拟的。介绍历史史实、思想溯源、条件不允许的实验、无力到达的境地等，多媒体更是一种十分有效的甚至是十分必要的教学手段。

但多媒体不能完全代替传统的教学方法。传统教学方法的长处是，在传授知识时，可以把推理、证明的过程比较清楚地、一步一步地展示出来，给学生比较充分的思考时间，并且老师可以根据学生的反应适时地修改自己的教学方法和进程。

（六）上课无小事。越是“老教师”，越容易因大意而马失前蹄。“预备铃”不光是对学生的，也是对教师的。上课应当提前几分钟到教室。教师不能把个人的思想问题、喜怒哀乐情绪带到课堂。授课要有教案，也要随机应变，但不能信口开河。

（七）课堂是教师教书育人的主要场所。教书育人不光是要注意爱国主义、历史唯物主义、辩证唯物主义等方面的教育，也应当包括对学生的生活态度、价值取向、思维方法等方面的启迪，把素质教育有机地融入课堂教学之中。

（八）要努力扩充自己的知识面。“问渠哪得清如许，为有源头活水来”。教师的授课质量和讲课水平，与其本人的专业知识有关，也与他的知识面有关。一个好的教师，应当努力扩充自己的知识面，平时应当在本专业和本教材之外，多研究一些参考资料，广泛阅读多种多样的书籍、报刊、文章、影视资料等，适当地做一些笔记；随时随地注意在媒体上经常出现的一些名词、术语，并将其中有助于课堂教学的内容灵活、有机地穿插到教学中去。

（九）课堂教学的形式可以多种多样。课堂教学的传统形式是老师讲授，针对不同的教学对象、不同的教学内容，可以采用不同的教学形式。例如问题解决式（包括建模）、问题讨论式、实验发现式（包括影像）等。教师应当根据自己的情况，实事求是，扬长避短，合理运用。

三、向自己的学生学习，教学相长

教学相长是教学工作的一个重要原则。对于高等学校而言，教学相长具有更大的意义。向自己教育的对象学习，不仅是要学习学生中的好的思想品质，同时也应当在学术方面注意吸取学生们的好见解、好方法。因为青年人较少保守思想，富有创新精神，而大学生们更是处于才思敏捷、富有主见、敢想敢做、富于创新的时期。虚心向学生学习的老师，不仅可以真正学到东西，而且可以在和同学们的融洽相处中有效地提高教学工作的成效。

四、认真开展教学研究活动

教学研究不能流于形式。教研活动要认真讨论、解决一些问题。例如课程建设方面的问题，教学方面的问题，试卷库建设、教学资源库建设等方面的问题。应当使教学研究成为风气，教师们互相促进，共同提高。他山之石，可以攻玉。一个好的教师，都比较注意向同事学习，向同行学习，向各方面的能人学习。取他人之长，补自己之短。同时也应当毫无保留地帮助其他同志，共同提高。其实，帮助从来都是相互的，乐于帮助他人的人，也总是能够得到他人的帮助。此外，对新教师的岗前培训，不应忽视如何搞好课堂教学的内容。

总之，我认为搞好教学工作是教师的天职。上好课是教师的本分，也是一种特有的幸福。扎实的业务基础，较高的学术水平，强烈的敬业精神，恰当的教学方法，是搞好课堂教学工作的根本保证。一个教师，教好一堂课易，教好一门课难；一阵子教好课不算难，难的是一辈子教好课，教好每一堂课。但只要真正用心努力去做，这样的目标是能够达到的。

耕耘一方创新之田

阎志强

20 多年来，我主要从事“整合营销传播”“营销管理”“营销战略策划与广告”“市场经济学”“销售渠道管理”这几门课的教学。在长期的教学实践中，我自觉地坚持把学生培养成为创新型人才，以此为目标开展教学活动，收到较好的效果。看着一批又一批学生茁壮成长，走向社会，在各自的岗位上取得喜人的成绩，我甚感自豪和欣慰。回顾多年的教学活动，有许多体会和感想，现在写下一些点滴，盼能对后来者有一点借鉴作用。

创新是推动社会进步和经济发展的强大动力。把学生培养成创新型人才是高等教育的神圣使命。

为使学生成为创新型人才，首先要重视培养他们的独立精神。引导他们摆脱思想的束缚，不要盲从，不要迷信权威，不要随波逐流。比如，在对“整合营销传播”进行内容的阐述时，一些号称“权威”的人，各说各的，有的把它解释成整合各种营销工具和手段(包括产品、定价、分销、促销)为系统决策，其实说的是市场营销组合，是早在 1960 年美国营销学家麦卡锡提出的 4P 组合。也有的说整合营销传播就是整合各种传播(即沟通)方式，即把人员推销、广告、公关、营业推广组成一个整体方案，其实这只是整合传播。而现在我们要研究的“整合营销传播”与上述“权威”理解的都不一样。我们要关注的是真正的整合营销传播，是在“营销即传播，传播即营销”的视角下，把营销与传播整合到消费者对品牌的认知上来，提升品牌价值。经过这样的对比和分析，让学生独立思考，就能分清是非，打破对一些“权威”的迷信，对“整合营销传播”有更深入、更清晰地理解。

多年来，国内营销界流行互相吹捧、自我吹嘘的不良风气，“策划大师”“营销大师”的头衔满天飞，粗制滥造的“营销专著”“策划专著”泛滥于市。其内容从概念到逻辑多有混乱，以讹传讹，谬种流传，如果不培养学生独立思考、分辨是非的精神和能力，很容易被别人牵着鼻子，陷入迷茫之中。

在营销传播领域培养出创新型人才，需要全面提高学生的素质，让学生勤奋地深入了解市场、了解社会，培养敏锐的观察能力，能发现别人未曾发现的市场机会，有活跃的思维能力，能在不同的思维对比碰撞中，升华出全新的创意。要引导学生真正了解消费者与潜在消费者为了什么目的，在什么时间、什么地点、用什么方式购买某种商品。必须了解消费者对那些花言巧语、虚情假意的消费手腕和方案的厌恶，了解那些充斥多种媒体的垃圾信息耗费消费者的精力、时间，造成消费者对这些信息的逆反心理:疲倦、拒斥。

提高学生的创新思维能力，要引导学生对市场、对消费者、对竞争状况充满好奇而致力于深入研究。让学生懂得，在营销传播策划实践中，绝对不可先接受广告主(企业管理者)对市场的描述，不可以广告主的描述为依据再加上自己的幻想来拟定营销传播方案，从而制作广告。正确的做法应当对广告主(企业管理者)反复质疑，应当尽量索取详尽的真实的资料。更重要的是自己必须进行周密而细致的实地调查，调查消费者和潜在消费者，沉下心来，仔细倾听消费者的真实想法。要培养学生的观察分析能力，善于深入了解各种产品类别对消费者的意义，深入了解消费者对不同信息内容做出的不同反应及其与不同的传播手法的关系。

提高营销传播专业学生的创新能力，应要求学生大胆开阔思路，打破传统陈旧的广告手法的束缚，深入细致地观察、分析和了解能与消费者接触的各种各样的接触点、接触手段。要求学生不能只关注电视广告和报纸杂志广告，这会束缚自己对接触点的思考，会扼杀可能出现的创意。可利用的接触点和各种各样的凡是能够将品牌、产品类别以及任何与市场相关的信息等传输给消费者与潜在消费者的“过程或经验”，都称为“接触”。在现实生活中，与消费者接触的方式丰富多样，媒体传播的信息是接触点，而日常生活中，人与人之间的口口相传产生的“口碑效应”的影响力比媒体广告要大得多。产品的设计、结构、包装，在终端的陈列展示，商店内的各种促销手段，商品的售前说明、保证，售中的演示、释疑、说服，售后的服务，这些都是与消费者的接触点，都在持续不断地影响消费者与品牌、厂商间的关系。接触是一个持续不断的过程，它不会因为消费者某次购买的结束而停止。

提高营销传播专业学生的创新能力，必须引导学生努力追求超越，坚决摆脱模仿的流俗。这是很高的要求。在现实的营销传播活动中，大家满眼看到的都是浅薄的模仿，充斥着令人生厌的胡乱吹嘘的广告语，大同小异的手法……尤其是泛滥成灾的名人广告，相互模仿而陷入雷同。一个名人代言十多种产品，消费者只记住了名人而忽略了产品，这样的烧钱广告的传播效果微乎其微。但为什么名人广告又如此疯狂流行？多因广告主的外行和图省事的广告策划者的“忽悠”。

提高学生创新能力，要在每一个接触点上显示创意，用消费者乐于认同的特质和他们沟通，传达出品牌特色与众不同的效果。营销传播的好创意一方面来源于对消费者真正需求的发现与呼应，这靠的是细致的观察、分析与研究；另一方面要创造出出人意料的、能打动消费者的新奇点子，发展出前所未有的，能够把品牌特征予以戏剧性传达的出色文案。要坚决拒绝那些枯燥、夸大、卖弄而言之无物的言辞，代之以真正符合消费者利益，能给消费者带来全新享受的富有意义的信息。

提高营销传播专业学生的创新能力要植根于对消费者和潜在消费者的深入细致的调查分析和研究。尤其要懂得因生活与工作的压力而身心疲惫的大多数消费者对平庸、单调的广告深感厌倦甚至反感。缺乏新意、缺乏说服力的广告会拖累品牌，只有新颖的、吸引人的、让人相信的营销传播活动才有助于提升品牌。

知识改变命运，智慧决定生存。要想提高营销传播专业学生的创新能力，基础性的工作是引导学生拓宽知识面，认真学习经济学、管理学、心理学、社会学、行为科学、营销学、传播学等多种学科的知识。广博而厚实的知识是创新能力萌发和生长的肥沃土壤。

让数学的火焰燃烧得更加光彩夺目

戴朝寿

高等教育肩负“人才培养，科学研究，社会服务，文化传承创新”的历史使命。联系自己自1963年在我校数学系毕业留校以来从事教学、科研工作的经历，我深切地认识到：数学传播、数学创新、数学应用应是我们高校数学教育工作者的三大基本任务。这里所说的数学传播除本科生、研究生数学专业中有关课程的教学工作外，还包括在校内外针对不同听众开展专题报告或通俗讲座，以及努力编写适合所教专业人才培养需求、特色鲜明的教材，这两项工作是深层次治学的体现。

近15年来，我在校内和应邀在省内外17所高校（解放军理工大学、东南大学、南京师范大学、中国矿业大学、江苏大学、南京邮电大学、淮海工学院、淮阴师范学院、盐城师范学院、徐州工程学院、河南许昌学院等）以及“国培计划”、省级骨干教师培训班上分别作现代数学系列讲座、数学文化前沿系列讲座、数学本科学士毕业论文系列讲座、执行新的普通高中或义务教育阶段中小学《数学课程标准》系列讲座以及教学研究的专题报告近40场，选题有“一门新兴的学科——多姿多彩的分形几何学”“概率论与数理统计课程教学内容研究导引——撰写教学研究论文（本科学士毕业论文）的一些思想方法”“优选法简介——一个华罗庚推优队老队员的汇报”“高中数学课程中统计与概率教学内容知识结构分析”“义务教育阶段初中、小学统计与概率教学内容分析解读与拓展”“漫谈概率统计专业的学习与考研”“教学艺术的魅力在于固本创新——让鲜活的思想在教学中流淌”“让数学的火焰燃烧得更加光彩夺目”等。在准备这些专题报告或通俗讲座时，我努力遵循以下三条原则：一是切实了解听众对象的心理需求，以有效课堂教学为目标，使他们增长知识、更新理念、开阔视野、有所收获；二是内容精选，信息充分，深入浅出，通俗易懂，激发兴趣，启迪思维；三是每次专题报告或通俗讲座都要讲出精气神来，并采用与听众互动的方式进行。这样做确保了效果，使听众感到“所花时间很值”。

我在2010～2015年担任校老年科协首任秘书长主持协会日常工作期间，创新地在校内发挥老教授的威望、专长、经验优势，组织并实施“老教授讲坛”，分别针对青年教师、研究生和本科生开设包括数学选题在内的系列讲座，对不同层次听众更新理念，增长知识，开拓视野，提高科学和人文素养，着力培养科学思维方式、创新意识和创造性能力，提高科学道德水平，促进优良教风学风的形成，起到了一定的作用。尤其是在校外尽力做好社会服务工作，组织协会中的一些老专家赴丰县、睢宁县、沛县、铜山区、新沂市开展包括数学选题在内的义务送培活动，将关工委工作从校内延伸到校外，产生了较大的“科教辐射”影响。

近13年来我在数学传播方面的另一项重要工作是编著了四部教材并出版。我从1959年16岁进入母校数学系学习开始，在前辈和名师们的指导和影响下，就立志献身人民教育事业，当一名受人欢迎的好教师。1982 年在北京师范大学随机过程讨论班研修期间，受王梓坤院士、严士健先生的教诲和熏陶，更期盼做具备德、识、才、学的优秀教师。1991 年 9 月至 1992 年 10 月留学美国 UVA(弗吉尼亚大学)访问研究回国后，受我的导师——国际著名随机分形专家 S. James Taylor 的影响，对自己提出了在教材编写上也要与国际接轨的更高要求。我深知确定目标只是定位人生，实现目标才是升华人生，因此我加倍努力，付出了比常人要多得多的时间和心血。

总结自己从教材编写目标确定到编著教材出版的艰辛过程，我感到编写一部成功教材应把握以下三个关键性条件：

一部成功教材的编写是出于教材建设的实际需要。我国 1956 年制定科学发展规划，将概率统计、计算数学、偏微分方程列为重点发展学科。由于概率统计这门学科的特殊性等原因，它的发展不及另外两门学科，在我国普及也较晚，反映在教材建设上稍微滞后，直到 20 世纪 80 年代，正式出版的概率统计教材依然很少。在长期教学实践中，我感到有些已出版的数学专业教材编写得很好、很适用，但是真正适用于面广量大的普通高等师范院校数学与应用数学专业和统计学专业的好的数学建模教材、概率统计教材却很少。进入 21 世纪后，为了适应现代教育发展的需要，提供多一种选择且更适合于满足普通高等师范院校本科生人才培养需求、特色鲜明的数学建模、概率论、数理统计教材，我萌生了编写这几部教材的愿望。

一部成功教材的编写是长期教学积累的结晶。20 世纪八九十年代，我们曾先后使用一所综合性大学、一所部属重点师范大学编写的教材(经过取材处理)作为我校“概率论与数理统计”课程的教学用书(后者使用时间较长),在教学过程中还重点参考了国内外一些优秀精品教材,了解了各类高等学校多样化人才培养对概率统计教材的不同需求和处理方法。为满足学生报考概率统计及其相关专业研究生的要求,我开设了概率统计专题选讲选修课。在进行必修课和选修课教学的同时,我还注重对课程教学内容进行专题研究,并撰写发表了十多篇教学研究论文。总之,这20来年的教学经历使我从中得到很多启发,积累了相当丰富的教学参考资料,为编写概率统计教材奠定了厚实的基础。

一部成功教材的编写应有明确的改革思路、鲜明的主要特色与创新。除了要符合教育部高等学校数学与统计学教学指导委员会制定的教学规范、内容质量上乘外,还应有明确的改革思路、鲜明的主要特色与创新。以编写概率论教材为例,改革思路体现在:(1) 真正体现高师特点,符合人才培养目的,符合教学规律和认知规律,渗透素质教育,具有启发性,能激发学生学习兴趣;(2) 编写理念先进,固本创新相宜,将传授知识与着力培养科学思维方式、创新意识和创造性能力相结合,在重视基本理论阐述、基本方法介绍的同时,特别注重联系实际讲清基本概率模型,强调引入、运用各种概率分布采用的概率模型建立、应用的模型化思想方法;(3) 以教学研究成果反哺教材内容编写。该教材的主要特色与创新之处是:(1) 简明而适用于教学;(2) 重视对概念的分析,加强知识发生过程(包括对重要概念与问题引进、对重要命题产生过程、对论述过程中思想方法进行剖析)的探索,注重对所得重要结论及其作用的阐明和应用条件的交代,注重基本观点与思想方法的提炼，使读者了解背景、透析概念、知晓原理、掌握方法、明确作用；(3) 以获奖优秀教研成果为基础编写一节“正态分布在教育研究中的应用”及其附录“运用标准分数确定个体成绩在团体或总体中相对地位的数学模型”；(4) 在教学内容、例题、习题等方面取材独到新颖，有创新和时代气息，还为读者提供了一些与执行普通高中“数学课程标准”有关的统计与概率教学资料。对于编写数理统计教材，除体现上述精神外，还应注重每种常用统计方法提出的背景介绍及其所蕴涵统计思想的剖析，注重几种统计方法的牢固掌握及其应用。

在长期教学、科研实践中我努力做到学思结合、拓展渐进、固本创新、厚积薄发，已出版教材 6 部，其中退休后在高等教育出版社出版编著 4 部：《数学建模简明教程》(2007 年，与孙世良合作)，《概率论简明教程》(2008 年)，《数理统计简明教程》(2009 年)，《概率论简明教程(第二版)》(2016 年；原书在 2013 年被省教育厅遴选为“十二五”江苏省高等学校重点修订教材立项建设)，成为我校 2010 年申报“概率论与数理统计”课程为江苏省精品课程、2011 年申报“统计学”为江苏省优势学科以及 2016 年申报“数学与应用数学”为江苏省品牌专业(A类)的重要支撑性材料。此外，《概率论简明教程》与《数理统计简明教程》已被福建师范大学数学与计算机科学学院确定为该校报考统计学学术型硕士研究生和应用统计专业硕士研究生入学考试的指定参考书；另外，教学用书《概率论与数理统计简明教程教学参考与习题解答》待出版；还应邀在校内外作一些专题报告或通俗讲座，开展学术交流与教学研究活动。这些数学传播工作使我活得非常充实，所取得的业绩也使我感到无比欣悦。我为自己选择的崇高教师职业及所喜爱的数学专业而感到自豪！我愿继续为数学传播尽绵薄之力！我更期盼青年教师努力为数学传播薪火相传，让数学的火焰燃烧得更加光彩夺目！

治学——高校教师生命存在的重要方式

狄尧民

治学是每位教师、每位学者必须面对的重要问题。特别是高校教师，因为高校教师不仅需要传授较为高深的专业知识，需要培养学生知识创新能力，同时还担负着知识创新、科学研究的重大责任。当代社会知识爆炸，要想在教学科研方面有所建树，非下大力气不行。因此教师的"严谨治学"就显得特别重要。

治学之道应该是：有志于学，勤于学，善于学。治学不是可有可无、一时一事的事。它与教学科研息息相关，是值得终身为之奋斗的事业。因此我们需要将治学化作一种常态，一种追求，一种境界。强烈的求知欲望是一种超功利的审美境界，人生自我价值的实现是最高层次的心理需求。这样的境界，才能不畏艰险，耐得寂寞，甘于坐冷板凳。达到了这样的境界，就会以艰苦奋斗为荣，人以为苦，我以为乐，乐此而不疲，做出真正的学问。达到了这样的境界，就能将治学融化到血液中，成为自觉行动。治学将成为生命存在的重要方式。

记得早年刚到苏州上大学，学校里开展专业思想教育，再加上我平时就喜欢物理，通过学习，更感到该学科的博大精深，于是就与物理结下不解之缘。"文化大革命"后恢复研究生招生，我考上了母校的研究生，师从周孝谦先生。周先生年过花甲依然神采奕奕。不仅亲自为我们上“量子场论”等高难课程，还引领我们在粒子物理的前沿领域、引力规范和核结构理论方面进行多方面探索，寻找课题。本人除课程学习外，常是一头扎进资料室，研读有关文献。在“科学春天”形势鼓舞下，本人学得非常刻苦。虽然这超强度的学习一度使得我睡眠欠佳、容易疲劳，但我并不后悔。因为这使得我初步懂得什么叫科研，体会到治学的艰辛。

1981 年底我来到徐州师院物理系工作，协助苏耀中主任带研究生。对此我是尽了全力，研究生的毕业论文也做得很不错。遗憾的是研究生只招了一届就停了下来。但在以后的日子里，我还是能做到在搞好教学的同时坚持科研。那时学校还是以教学为主，科研氛围不够，也没有科研奖励。另外科研条件也差，既没有微机，更没有网络。我当时主要的研究方向为核结构理论，需要核数据和大量的数值计算，很多条件不太具备。而且那个时候基础学科常常被冷落，记得 20 世纪 90 年代初，我到首都图书馆查找资料，看到在宽大明亮设施齐全的数理外文期刊阅览室里只有寥寥数人，心中唏嘘不已。

治学贵在坚持，成功也贵在坚持。在我校历史很长、优秀教师众多的物理系，由于科研方面的原因，长期没有学位点，不能招收研究生，在学科建设方面明显落后于中文、数学等兄弟院系。我作为理论物理学科带头人，为创建学位点出力责无旁贷。申报学位点的必要条件是需要两个相对稳定的并富有成果的研究方向。当时系里只有核结构理论一个研究方向，开辟新的研究方向成了当务之急。当时非线性科学正在兴起，发展迅猛异常。为此本人与刘凤芝等老师一起发起成立读书班，组织中青年教师研读外文专著。后来吕华平、杨先清等老师报考了这一方向的博士生，现在他们在这一领域的研究中颇有建树。

随后，我读了中国科学技术大学郭广灿教授在《物理》杂志上介绍量子信息的系列文章，感到该学科很有发展前途。于是确定申报学位点的两个研究方向为：1. 核结构理论和量子物理；2. 非线性物理。并请数学系周汝光教授作为非线性物理的带头人。在校领导的直接关怀下，通过物理系领导和师生的共同努力以及兄弟院系的支持，在经历多年努力和数次失败后，我校物理学科第一个学位点终于在千禧之年申报成功。

学位点申报成功后，我们在前进的道路上又遇到新的困难。为了提升物理系的科研实力，有许多青年教师赴重点高校攻读博士学位。当时高校扩招，师资紧缺，又要面临培养研究生的新任务。面对这种情况，本人勇挑重担，为学校分忧。恰逢一位骨干教师离校进修，主干课程“量子力学”无人承担，本人随即接受了该课程的教学任务。

2002 年学位点申报成功后的首届研究生进校，我先后为研究生开设了“高等量子力学”“原子核物理”“群论”“量子信息”等课程。考虑到量子力学是重要的考研课程，我还为学生专门开设了“量子力学一II”。我记得，当时学生考研成绩良好，许多同学考上了中科院和其他重点高校的研究生。对研究生课程，我投入了大量的时间和精力，备课到深夜 12 点是家常便饭。对于研究生的学位论文，也坚持高标准严要求，并与学生一起研读文献，一起攻关搞科研。2006 年退休后，还带了数届研究生。

长江后浪推前浪。现在物理系已经升格为物理与电子工程学院，学科建设也迈上了新台阶。光学工程一级学科学位点近期建成，中青年教师的学历层次得到普遍提高，多项高级别的科研项目申报成功，呈现出一派欣欣向荣的景象。作为曾经为学科建设出过力的普通教师，本人感到非常欣慰。

现在我已年近古稀，还在研读一些学科前沿的文献，继续搞点科研。这是因为治学已经成为常态，已成为我生命存在的一种方式。

说文解字话甘辛

古敬恒

文——字，无论是记录语言表情达意的神奇符号，还是独体合体的传统阐释，抑或东汉字圣许慎的旷世之作，都让我着迷，生发兴致。三十年来，文字研究与教学成了我生命中的重要部分。

科研：追求一个"新"字

创新是学术的生命，文字学亦不例外。尽管研究者起点、眼界各异，但创新是共同的追求。1984年我从山东大学进修归来，在我校首开"说文研究"，后陆续开设"汉字学""汉字与文化"等课程。科研上也从"新"字着墨，不拘一隅，尽力开拓。(一)将新作推向社会。我与友人合著《新编说文解字》，梳理传统歧说，确定常用汉字的结构与本义，编著《汉字趣谈》，撷取沉积于汉字中的文化瑰宝予以展现，均产生了一定的社会反响。(二)汉字相关研究。如指出"章"是以刀刻玉而非"音十"会意；对小篆省改古籀的状况加以分析，探索生产、生活、制度、观念转变对汉字的影响；通过大量材料，指出通假字并非浑成不变，而是具有时代的层次性。(三)汉字学史研究。发表了《〈说文解字〉体例研究的历史演进》《论清代'六书学'对宋元明'六书说'的传承与超越》等系列论文。(四)战国文字研究。我不自囿于小篆，而是向新兴的显学战国文字跨越，在望山楚简、郭店楚简、楚墓遣策文字研究中做出一些成果，有的在《中国语文》发表，有的在华东师大、香港大学等主持召开的学术研讨会论文集中发表。（五）词语研究。字词互为表里，密不可分。我对唐代前后的古词语作了探讨，其中《〈伊余〉非词说》被《中国语文》选中。

最值得回顾的是我对徐锴《说文系传》的研究。1993 年夏，我从汉字学史中了解到，《玉篇》《字林》总体上是仿作，而《系传》为《说文》研究的真正开山之作。我自此开始了艰苦的阅读与分梳材料工作。两年里三赴南京，到省图书馆查阅资料，两次向著名文字训诂学家徐复教授请益。随后撰写提纲，从《系传》阐释方法、与汉字、与词汇、与音韵、与校勘、引经考、文化积淀、得失论等八个方面加以论析。至今我还记得独自徜徉于清凉山巅，构思吟哦“序言”的情景。1995 年底是书出版，蒙徐复、赵振铎二先生赐序。徐先生还将我提出的“徐锴首开词义引申体例”的观点收入其新著《訄书详注》之中。张标教授（河北师大）在其专著《20 世纪〈说文〉学流别考论》中还专辟一节推介此书。这证明创新的劳动不会白费。我也领悟到，清凉山之行，既领略了美景，也是科研上的一次攀登，又何尝不是人生历程中的一次跨越呢？

从 2011 年起，我与校内外七名中年学者一起，争分夺秒，用了三年时间，投入《辞源》第三版的修订工作，并担任“酉”集分主编。2015 年末，在纪念《辞源》出版 100 周年之际，第三版《辞源》出版。2016 年至 2017 年我又投入第七版《辞海》的修编工作，任分主编。能够为我国重要辞书的修订出版出力，为传承中华文化出力，我感到十分荣幸。

教学：秉持一个“挚”字

教育是圣洁的事业。“诲人不倦”的谆谆古训，“传道，授业，解惑”

的庄严使命，“忠诚人民教育事业”的时代呼唤，无不渗透一个“挚”字：真挚、诚挚、挚爱。它需要身与心的投入。不仅是传授知识，更要开启心灵之窗，培训学生能力，推动他们成长。伴随着说文解字的抑扬顿挫，要促其沉思、解颐、神悟、升华。为此我主要抓了以下环节：

（一）揭示构字理据，弄清“为什么”。如粮（糧），本义是人们外出时携带的干粮。但“良”“量”作为声符，不具表意作用吗？不是。古人选用同音字做声符，并非随手拈来，而是常常寄寓意义的。联系“在家千日好，出门一时难”与“穷家富路”的民俗语汇，便知中国人居家食品可丰可俭，怎么都好办，而一旦外出，则须认真准备，带好带足干粮。古书中也常有“携三月之粮”之类说法。明乎此，则良（优质）、量（称量）的表义作用也就不言自明了。又如“诚”与“成”，“宇”的“屋檐”义与“无限空间”义，“除”的“台阶”义与“除法”义（台阶间距必须相等，否则让你鼻青脸肿），“一亩三分地”与《孟子·梁惠王上》“五亩之宅”的内在关联等，都给人留下有趣的想象空间。

（二）掌握字面普通、另有含义的字词。如《桃花源记》中“仿佛若有光”，依今义，“仿佛”与“若”重复，故“仿佛”应释为“恍惚，不分明”而不能释为“似乎、好像”。“咸来问讯”，洞中人与世隔绝久远而怡然自乐，外界讯息自不会引发他们的兴趣，故“问讯”实指“问候”，展现了他们礼貌待客的淳朴民风。《陈涉起义》中，吴广“夜篝火”学狐狸叫，按今天“篝火”义理解，则与狐狸叫的诡谲气氛相悖，且难以理解其与陈胜吴广借鬼神营造“君权神授”起义舆论的内在联系。原来，“篝”古指竹笼，“篝火”指“忽明忽暗的灯火”而非“架起木柴燃烧的火堆”。

（三）紧扣教材关键字词，深化理解。教学中，我紧扣“谓词中心法”，从与谓词的前后联系中确定该词的语法地位和语法功能，又结合语料作具体分析。如判断句“陈胜者，阳城人也”，何以表示“确认与肯定”？教材未说。为促进理解，我查找资料告诉学生：阳城县秦代始置，历代仍之。后武则天登临嵩山，改元“万岁登封”，并改县名为“登封”而沿用至今。我问学生：县名的确改了，但秦代称其为“阳城”并且是陈胜故里的史实改没改变？于是，学生在扩大见闻的同时，明白了客观存在是构成判断句的必要前提，对“也”字句的功能也深化了理解。

（四）活用方言资料，增进教学效果。我发挥自己粗通若干方言之特长，常联系实际探析专业知识。如苏州菜馆用虾仁摆成图案以作迎宾之用，原因何在？反映了什么古音现象？扬州话读“史”姓为 xǐ，表现了什么文化心理？陕西话、江淮话（东南区）读“下”为“hǎ”，透露出什么语音规律？徐州詈词“谢吊”的文化由来怎样？这种对语料的个案式探究，鲜活谐趣，发人深思。只要积以时日，就会产生质变，可以上升为对音韵学、语源学、文化语言学的专题研讨。待到学生恍然开悟之时，我们的教学自然开花结果。

从字词教学起始，推而广之，优化语言教学当非空谈。只要我们心中有“挚”字，情系教育，关爱学生，持之以恒，我们就会臻于心中的理想之境。

教书育人

朱必才

多年来,我始终处于教学第一线,教学工作量饱满,教学效果优良,得到学生好评。以下是我从事教育工作多年的一些做法和心得:

一、重视教学和教学改革工作,努力培养大学生的创新意识

我在学习《中共中央、国务院关于深化教育改革　全面推进素质教育的决定》等文件精神后,认识到高等教育同样要进行教育、教学改革。因此,在认真完成教学任务的同时,注意"遗传学"课程的教学方面的科研,在教学内容、教学方法上围绕如何提高大学生素质、培养大学生的创新意识进行了一些探索。对本科生所使用的"遗传学"教材系统性不强的问题,在编写教案时,吸取其他教材的优点,加强教学内容的系统性,便于学生课后学习。并能随时增加国际、国内研究的新成果和前沿问题等内容,如英国维尔穆特博士等人培育的克隆羊"多莉"报道后,及时在"遗传工程"一章中增加了该成果的技术线路及理论、实践意义;结合本人的研究方向,在相关章节中介绍自己的研究结果:如在多倍体的内容中,增加介绍同源四倍体荞麦的研究结果,在性别畸形内容中介绍棕色田鼠 XO 雌体的形成原因及可育机理的研究结果,以此扩展学生知识视野,提高学生学习遗传学的自觉性和积极性。在授课方法上,能采取灵活多样的方法,力求避免"满堂灌"的讲

课方法，压缩一般内容，突出重点和难点内容，对于教材上易学易懂的内容，少讲或不讲(让学生课后自学)，以保证重点和难点的讲授时间。课上随时提问学生和经常组织专题讨论，增强学生的参与意识，增加学生参与机会，加深学生对重点和难点内容的理解等等。与其他教授合作撰写的教学改革论文《浅谈遗传规律教学中的几个问题》，已在《遗传》上发表。

我曾指导青年教师高建国讲授"遗传学及实验""分子遗传学"，在指导2006届本科生毕业论文工作中被评为优秀指导教师。参与指导的青年教师刘士旺博士讲授微生物课程中的有关遗传章节及参加校青年教师教学评优赛，获得三等奖。参与指导的青年教师明庆磊，在2003年获校第二届青年教师优胜奖二等奖。参与指导的遗传学实验员王秀琴做好遗传学实验的材料、试剂及仪器准备工作等。

二、既教书，又育人

"教师是人类灵魂的工程师"，我认识到要做一名合格的教师，必须为人师表，身教重于言教，认识到教师自身的业务素质和政治素质是保证教好书育好人的关键，因此能不断提高自己的思想政治和业务水平，各方面严格要求自己。在课堂教学中，始终对学生进行正面教育，大力宣传我国科学家在遗传学领域取得的新成果、新成就和科技兴国的大好形势。

既当老师，又做学生的朋友。由于我每天都到实验室工作，一般说是没有节假日的，因而与学生有更多接触机会(特别是毕业班的学生)，对学生既严格要求，又做他们的朋友，在学习和生活上关心他们，了解学生学习上的困难和对老师讲课的意见、要求，并能及时加以解决。每次上课点名，对上课迟到的学生，给予批评，教育他们要遵守纪律；对未交作业的学生，督促他们尽快完成作业。鼓励毕业班的学生积极考研，告诫他们做好两手准备，继续深造和献身中学教育事业都是光荣的。我认识到要干好一件事情，必须要投入，投入大量的时间和精力，我经常跟本科生、研究生讲，如果工作只限制在八小时之内，成不了专家、教授。并认为荣誉和成绩，只能说明过去，而不代表现在和将来；荣誉和成绩不是想来的，更不是等来的，而是干出来的。在我的鼓励和支持下，本科生 23 人考取中科院遗传所、中科院上海生命科学院等遗传学专业的研究生。当本科生或研究生去野外采集田鼠标本时，总是叮嘱学生“安全第一，标本第二”，以免出事。96 级本科班的一个学生生病住院，一度有生命危险，我在生物系首先倡议捐款，想法很简单——为治好学生的病，老师应该尽力。

三、廉洁从教，严格执行教师职业道德规范

有一天晚上，97 级函授班的学生找到我家里，拿着一个信封说，暑假期间，天气很热，朱老师给我们上课很辛苦，这些作为饮料费，是我们的一点心意，希望老师收下。我认为这是自己应做的本职工作，我说：你们的心意我领了，有什么要求尽管提出。第二天上课时又将信封交给了学生。96 级本科班的几个班干部用班费买好水果、烟酒送到我家中，实在拒绝不了，就作价后将钱交给其班主任。

四、以教学促进科研，以科研带动教学

我始终以“教学和科研并重”的指导思想来处理教学和科研的关系，始终认为“教学和科研”不可分、不可偏；“重科研、轻教学”的倾向必须纠正，没有教学质量，就没有学生或学生少，就会影响学校发展，影响科研，影响教师待遇。因此我不仅在教学上取得了可喜的成绩，在科研上也取得显著的成绩。在教学上获“江苏省高等学校教学名师”称号、陕西省普通高校优秀教学成果一等奖（第三名）、江苏省高等教育教学成果二等奖（第二名）。我长期从事遗传学研究，参加的“大豆新品种陕豆701选育”项目获1979年度陕西省政府科研成果三等奖（第三名），主持的“棕色田鼠、藓类动植物染色体研究”项目获1995年陕西省教委科技进步二等奖（第一名）。先后获全国师德先进个人、江苏省有突出贡献中青年专家称号、全国高师院校曾宪梓教师奖三等奖。

先后在*Mol. Reprod. Dev.*、*Mamm Genome*、*Hereditas*、《遗传学报》《动物学报》等国内外权威刊物以及国际会议上发表论文70多篇，被SCI收录6篇。三次获得国家自然科学基金项目资助。在1998年、2003年、2008年分别应邀参加18届、19届、20届国际遗传学大会。

五、作为一名老教师时刻关心生科院事业的发展

1997年来到生物系后，1998年学校获得遗传学硕士学位授权点，遗传学学科2000年被评为学校“优秀教师群体”，2002年被评为江苏省“青蓝工程”第2期“优秀学科梯队”、2006年被评为江苏省省重点学科。遗传学学科的实验基地是“江苏省药用植物生物技术重点实验室”和“江苏省教学实验示范中心”。作为遗传学硕士点的带头人，我经常与院领导一起研究学科建设等各项工作，在学位点各研究方向确定、学术人才搭配等工作上做好参谋。尽最大可能将博士、硕士等具有高学历、高职称的教师组合到学位点中，调动积极因素、创造各种有利条件，使生科院的教学、科研工作上了一个新台阶。

勤学而不厌　诲人而不倦

朱亦仁

1979 年从工厂踏入高校至今已三十四个年头，也许连我自己也没想到原先最怕老师的我竟把教师当成了自己钟爱的事业，在三尺讲台和实验室辛勤耕耘了三十余载。

我的大学是在动乱的年代中度过的，在母校待了六年却只上过两年课，连基础课都没有学完更别谈专业课了，所以我常自嘲大专还没毕业。当我第一次走上讲台前曾不止一次地问自己：难道就凭这“半碗水”去教学生吗？那岂不是误人子弟！怎么办？只能从头学起，先把半碗水变成一桶水，而且应是一桶经常更新的水！进入高校后我上的第一门课是“化工基础”，这门课内容涉及化工原理、化学工艺学、化学反应工程、物理化学、数学等学科，因此我的自学之路便从这几门课开始。之后，无论是酷暑还是严寒，啃书本成了我唯一嗜好，桌前的灯光常常伴随我度过一个又一个不眠之夜。每年的寒暑假，当别的老师去探亲访友、游览祖国大好河山时，我却抓紧机会去参加一些高校举办的专题学习班，认真求教，解决了不少自学中解决不了的问题。常言说“人过三十不学艺”，而我在三十三岁时重新捧起了书本。自学之路艰难而崎岖，为了学好化工原理，我把书后习题一题不落做了一遍。反应工程当时在国内还是一门新学科，很多概念抽象难懂，为此我把国内为数不多的几本教材全找来，一本一本地认真通读，对照着学习，直到弄懂为止。功夫不负有心人，经过一年的努力，我终于能十分自信地站在讲台上。当同事和学生对我的教学给予充分肯定时，又有谁能知道我为之付出的汗水。

作为一名化工课老师，我每年都要带学生去化工厂实习，面对化工“三废”的肆意排放和日益严重的环境污染，深感自己责任重大，因此就有开设一门与化工“三废”治理相关课程的想法。为了编写一本适合理科学生使用的化工“三废”治理技术讲义，我又潜心于环境化学、环境工程、生物学领域的探索中，并在讲义使用多年的基础上，历经三年时间编写了《环境污染治理技术》一书，以适应学生学习环境工程知识的需求。从此之后，我就把自己的教学和科研重点转向了环境科学。年过四十再次改变方向，其难度可想而知。但在长期教学、科研实践中我深深体会到：环境问题的解决不仅仅是技术问题，更重要的是思想观念问题，提高全民族的环境保护意识才是解决当前日益严重的环境问题的根本，在高校普及环境科学知识便是重要的手段之一，我应为之不懈努力。为此我又开设了一门全校公选课程——“环境保护概论”，力求以浅显易懂的方式把环境科学的基本知识传授给不同专业的学生。在教学中我注意联系社会实际，一些大的污染事件常常是头一天刚发生，第二天我就把它作为典型案例介绍给学生，引导他们思考：面对中国日益严重的环境污染，作为一名大学生，我们现在和将来该怎么做。十余年来选修过这门课的学生有数千人之多。学院开办了环境工程专业后，我又先后主讲了多门环境类专业课程，甚至在退休后，由于学院工作需要，还担任“环境管理学”的教学，年近七旬的我又投入到管理科学的研究学习之中。

一个合格的高校老师，绝不能只停留在知识和技术的传授或是对前人知识的简单复述，而是要创造知识和技术，做到教学相长、教研相长，在所从事的专业领域留下自己的脚印。多年来，我一直把学习、教学和科研密切联系起来，学好专业知识搞好教学，为从事科研打下良好基础，而科研工作促使我不断更新自己的知识，所获得的成果又丰富了教学内容，给专业课的教学注入了新鲜血液，增添了活力。在课堂教学中结合科研工作，讲授专业知识更易为学生所接受，扩展了学生的视野和知识面，也大大提高了学生学习的积极性。无论是带研究生或是指导本科生的科研，都以使他们受到从事科研工作的基本训练为目的，从选择课题、查阅文献、刻苦研究、撰写论文到结题都严格要求、一丝不苟。我经常和他们一起研讨课题进展，及时发现、解决存在问题，要求他们学会通过自学来掌握新知识。通过这样的训练来熟悉研究工作中每一个环节，锻炼和培养了他们的自学能力、创新能力，树立了良好的科学道德，了解到研究方向的发展趋势，巩固了所学的专业知识并学以致用，也为今后独立开展研究、发明、创新工作打下基础。这虽然耗去了我不少时间和精力，但看到他们的成果获了奖或撰写的论文得以发表，也都为他们的成长而感到由衷的高兴。

学习、科研、教学是三个不可分割的部分，我们要追求教学水平的进步，提高自己的专业素养，成为一个更好的老师，就应该长期投入看似枯燥的学习中，不断更新自己的知识，从事艰难的有时甚至是孤独的科学研究工作，这样才能让自己掌握更广博的专业知识，把学生教得更好。教师的专业发展是教师生命成长的重要过程，专业发展必须在学习、教学和科研的实践中才能实现。我们不能日复一日、年复一年地去重复以前的内容,必须把学习新知识和进行科学研究作为自己终生的事业。在知识方面不一定要博古通今,但知识面一定要广,因为无论是在学科领域内或是在实际工作中要有所建树,遇到的理论或者实际问题都会涉及相当多的学科,所以除了自己从事的专业以外,还应掌握一些相关领域的知识以开阔视野。

回顾三十余年的从教经历,我似乎不能被称之为"专家",而叫"杂家"更贴切。由于教学和科研的需要,我先后涉足化学、化工、环境、生物、物理、教育、经济、法学和管理科学等领域,主讲过十余门课程。其实"杂"也未必是坏事,它使我能丰富自己的知识,更多、更全面地了解社会,我也从无休止的学习和探索中获得了无穷的乐趣。能为建设美丽中国贡献一分力量,这一生也算没白过。

学高为师　潜守匠心

李开荣

谈到治学，我不由得回顾自己这几十年的教育生涯，以求从教书育人的实践中感悟治学之道。总结起来，和所有教育从业者所共识的一样，不外乎坚定从教立业信念、提升自我学识和加强师德修养等诸多方面。

做教师，首先要看有没有从教立业的坚定信念。教育是人类文明发展和传承的重要手段。作为一种职业，它是神圣的、高尚的、纯真的、质朴的，当之无愧地受到全社会的尊重。由于时代、社会的影响，教师这个职业曾备受尊崇，也曾饱受轻视。但作为这一职业的“当事人”，却可谓“茹人饮水，冷暖自知”。广学博识、身怀技艺——让我们充实和自信；教书育人、桃李天下——让我们欣慰和自豪。这就是我们那一代人从教立业的初心。有了这份初心，才能守得住清贫苦志，耐得住寂寞寒窗，忍得住孤灯冷凳，静思潜心地爬格子、做学问。这也是以教书育人为己任者最大的骄傲。故此，忠诚于人民的教育事业是成为合格教师的先决条件。

为人师者，绝不能误人子弟，因此一定要不断自我充实，自我提升。长期的职业实践使我深刻地感受到教师的一生就是不断自我奋进、自我提高的一生。一方面是“学高为师”的学识水平的不断增进和教学方法的不断改进；另一方面则是“身正为范”的师德意识和职业素养的不断增强。这应是胜任教书育人工作，无愧于人民教师称号的为师之本、治学之道。

教师的自我提高首先是学识水平的提高，表现在知识领域拓展、自我创新增进、学术水平跃升、教学技能改进等诸多方面。人类知识体系面广量大、博大精深，各个学科领域有着一定的交叉性、关联性，这就要求教师特别是高校教师，要具有宽阔博远的学识和眼界，才能自由地驾驭知识，更好地“传道、授业、解惑”。以外语教师为例，其知识面不能只限于某种语言的单词、语法、句子本身，不能仅限于听、说、读、写、译的基本功底，也不能限定在语言学单一学科本身，而应充分认识语言与相关知识的关联性，从人类学、文化学、心理学、思维科学、认知科学等不同视角，了解语言生成机制与语言转换的规律性，剖析复杂语言现象的本质，探索影响语言交际的各种因素，将相关理论、各家之说综合、归纳、提炼、上升到理论层面，指导语言教学和实践，有了这满满“一桶水”的储备，才能做到言之有理、论之有据，令听者信服、乐于接受。

实践证明，教学本身就是自我提高、增进学识的大好契机。在准备一门新课程的时候，首先要熟悉教材，把握知识层次、体系和要求，结合相关的参考文献，做出教授布局。针对重点、难点和问题进行专门分析研究，甚至写出专题论文，然后根据本科生、研究生的水平和需要，采取不同的教学方法，甚至在板书、配例上都要精心设计。因此，备课过程本身就是一种深入思考、自我提高，一种知识传授方法的探讨。

教育教育，就是“教书”与“育人”，二者密不可分。由此不难理解，从事教育的人既是“学者”，又是“匠人”。“学者”要达到“学高”的程度，传道、授业、解惑；“匠人”应独具“匠心”，高效传授知识和技艺。

知识传授和技能训练的重要前提是理论联系实际，学以致用。记得有一年，我为大学新生上“英语会话”课，基于就业实际需要考虑，学生特别希望得到实用技能的培养。为此，我根据教学大纲和教材，对教学内容重新调整，针对未来工作的职业特点和实际需要分为叙述、评论、论述等不同类型，又以求职、业务洽谈、过程表达、汇报总结、事物介绍等现实内容为话题，划分不同的训练单元，并提供必要的词语、素材、例证材料，围绕“说什么”“怎样说”，引导学生独立思考，组织内容，明确思路，恰当地运用句型、词语；同时还从语气、语音、语调上纠正偏差。这样课内专题训练加上课外补充训练，再把会话与写作相结合，一段时间下来，学生们很有长进。后来，一位在外企实习归来的同学颇有感触地说，他的英语会话能力大有提高，基本上能够适应实际工作的需要，这得益于这门课程的学习。

在理论与实践的结合上因人、因课施教，是引导学生对已知的创新、对未知的追求产生浓厚兴趣的有效方法。大学教育处于国民教育的高端，是年轻人思维最为活跃的心理发展阶段。学生求知欲和创造欲旺盛，急需开发引导、产生兴趣，密切联系实际的需要来学习新知识，定能取得良好效果。例如，“英语词汇学”这门课，就需要教师利用英语构词法，特别要注重构造新词、新术语的方法，因为英、汉语中出现的时事新词语、科技新术语的对译，往往在词典里很难得到帮助。利用构词法知识，针对不同的新词、新术语特点和具体语境，就能自我构词，实现对等翻译，解决许多翻译中遇到的问题。这样做，不但增加了英语词汇量，也增强了对词汇的辨析、应用和记忆，以及英、汉词汇的对应比较和等值翻译，同时也进一步激发了求知兴趣，提高了学习效果。

师德修养是教书育人的重要条件之一，同时也是成功治学的基础。既有“名师出高徒”之言，也便应有“德高育圣贤”之说。教师的师德、人生观、价值观取向和治学心态，会直接影响到学生的成长和发展，尤其在指导研究生和青年教师时以及评课、教学督导中体现得尤为明显。

指导研究生论文选题、开题，应充分尊重他们的自主选择。鼓励学生以不同的思考确定选题取向、论及的学术领域和涉猎的知识广度和深度，鼓励创新思考，探讨敏感、热点问题，允许争论，对超越导师的新观点给予肯定。对于不足之处应诚心指出、热情帮助修改完善。指导青年教师搞科研也应如此。有时，为帮助他们寻求典型、恰当的例证，确立引文出处以求准确，我常常会耗费大量时间和精力，但这种严谨治学、认真负责、甘为人梯的精神，不仅会直接影响到他们将来的成长和发展，自己也会从中收获成功的喜悦。许多毕业多年的研究生在工作中遇到问题时，常常打长途电话来咨询请教，正是因为他们在求学生涯中积累的对导师的信任。由此可见师德影响之大、之深。

“以德育人”还表现在“与人为善”的同行相处上。往日的师生关系变为今日的同行关系，这在高校中较为常见。老教师绝不能有唯“老”独尊之思和凌驾他人之想，应互相尊重、互相学习。这一点在评课和教学督导中最能体现出来。比如教学公开课，由于教师担任的课程类型不同，所在年级不同，教学特点不同，再加上教学资历不同，故而呈现的教学状态和效果不尽相同。但评课者往往会脱离具体公开课本体，提出不同的见解，有时甚至会出现抽象肯定而实际否定的评判效果，影响开课人情绪。因此好事没办好，不少教师都不太想开公开课。为了达到教研公开课应有的效果，必须首先把成功之处和创见创新总结出来进行正面鼓励，以利于推广、指导、改进教学。

教学督导工作是老教师与青年教师开展经验交流、互相促进的好机会。每次听课评论都应以发现优点、肯定成功之处为主，同时也提出某些改进建议，以供参考，这样才能真正体现"以人为本，以和为贵"的治学境界。着眼于未来与发展，即使青年教师在教学中有某些不足之处，也是在发展中定能克服提高的。介绍自己切身的经验体会，将自己的建议提出来供对方参考，抛砖引玉，既是一种沟通，也是一种启发，双方都有收益。如果以评判者的身份、监督者的架势出现，往往不能达到促进教学的效果。

总之，回想数十年的教学感受，似乎可以总结为一句话，那就是"学高为师、身正为范"的身体力行。学高方能为人师，身正方能育他人，这应是一名合格教师的基本标准和教学行为的基本准则。

不久前，老年科协组织国学考察，重返圣贤故里，进一步探讨国学修养与教书育人的人生大课题。漫步在万世师表的庭堂院落，聆听着一个个论语故事，领悟着一段段警世名言，摩挲着一处处古迹碑文，边听、边看、边想，回顾自己一生献身于人民教育事业的工作经历，默默地思考着中华文明的光辉历程和传统文化的博大精深，思考着如何更好地传承中华民族教书育人的美德，一种前所未有的时代新鲜感和自豪感油然而生。教育条件在改变，但教书育人的责任不容懈怠，教学手段在更新，但师德师风的发扬和传承不得偏废。这是代代相传的正能量所在，是时代使命的召唤，也是我们教书人毕生遵循的治学之道。

谈读书修文

叶正渤

一、关于读书

（一）读什么书

读书的作用与其中的乐趣，古人论之颇多。但是，对于广大青年学生来说，要读的书实在太多。学校配发的教材要读，其他课外读物也要读，真是不一而足。根据前人以及自己多年来的经验，我觉得以下几方面的书都是要读的。

1. 学校配发的教材。学校配发的教材是根据专业设置、专业培养的需要而配备的。这些教材是相应专业的专家学者编写的，都是有关专业方面必备的基础知识和为提高专业水平而编写的著作。作为大学生来说，之所以要分专业，就是要按专业需要培养人才。到毕业时，应该打下坚实的专业基础知识，学会并熟练掌握专业技能和技巧。这个意义上讲，学校配发的教材是首先要阅读的书。关于这一点，无论什么专业都一样。

2. 传统的名著。传统的名著，包括狭义的文学作品方面的名著，也包括各专业领域里的学术名著。这些名著有些属于理论性质的，有些属于应用性质即研究成果性质的。大学期间，如果我们能扎扎实实地读几本专业理论著作，再读几本应用（成果）性质的著作，那么专业基础知识和理论就一定很扎实。

3. 国内外近现代名家名著。学术无国界，随着国际交流交往的频繁，许多近现代学术著作得以在世界范围内流传。所以，在阅读近现代本国学者有关论著的同时，也要阅读国外有关学者的学术著作，尤其是在某些领域曾经产生过重大影响的学术名著。

4. 自己感兴趣的书。人的兴趣是广泛的，各人的兴趣也不完全一致。在阅读专业书籍之外，也可以阅读一些自己感兴趣的书籍。学习本身是一种自觉行为，只有自己感兴趣的东西，学习起来才有动力。有了动力，才会有行动，有了行动，必然能取得成效。不过，对于自己感兴趣的书，也要遵循由浅入深、循序渐进的原则。如果一开始就去钻研学术性很强、学术理论又比较深奥的书，一旦遇到难懂难读的地方，就会丧失学习的信心，从而放弃原来的学习计划而前功尽弃。比如《易经》，就不适宜年轻人读。孔子曰："加我数年，五十以学《易》，可以无大过矣。"所以，《易经》应该是四五十岁以上的人去读。

5. 古人或他人推荐的书。古人或他人推荐的书，一般来说都是古人或他人读书的经验总结。古人或他人从这些书中已获得了无限的乐趣或巨大的益处，所以才向后人推荐。这些被推荐的书，应该都是学术根底书，或者说都是古代伟大思想家们或其他伟大人物的著作，对人们具有极强的教育作用，因而也极富生命力。比如我国古代的"十三经"，先秦诸子的书，"前四史"等。这些书，千百年来之所以流传不衰，就因为它们是国学根底书，历代贤哲都曾经从中受益，所以才推荐给后世学子的。

（二）怎样读书

关于读书方法，前人也多有论述，梁启超就讲过五种读书方法。

概括为以下几种：

1. 浏览。就是拿到一本书，首先看一下书名、作者、内容介绍，看看本书所写的内容与自己的专业有无关系，作者有无学术名气和影响。然后再看看目录和前言，以便了解作者的写作目的和篇章结构。如果有后记也要看一下。大体上只要记住以上内容就可以了。

2. 选读。指选读与自己专业相关的书籍，或与自己目前所学（所研究）的专题内容直接相关的某些章节。因为一本专业书籍，不是每一个章节的内容都与自己目前所学（所研究）的专题有直接的关系，只有那些有直接关系的内容才有参考价值，暂时又没有时间去读全书。在这种情况下，采取选读的方式是比较适宜的。

3. 泛读。指泛泛地阅读一些与自己所学专业有关，或与自己兴趣有关的书籍。这些专业书籍，往往是基础知识的介绍，或一般研究成果性质的书。这些书学术性不是太强，但又是人们应该了解和掌握的。对于这样一些书，只要泛泛地读一读，有个大致的了解就可以了。

4. 精读。往往指一些专业性很强，学术道理比较深奥，或者是在某个专业领域很有影响、很有成就的书籍，对这些书是应该精读的，为今后的学习和研究打下坚实的基础，积累丰厚的知识和理论。有些书虽然不具有很强的学术性，但是也应该精读的，比如儒家的经典《四书》《五经》和诸子的书。在这些书里，有许多做人的道理，道德行为规范，上古时期丰富的历史文化知识。《四书》中有所谓仁义礼智信，格物致知、修身齐家、治国平天下的思想，汉代郑玄有《五经》皆史的说法。所以，这些书都是应该精读的，以加强人格修养。

（三）坚持每日读书

读书，必须持之以恒。无论是读专业的书，还是读一般的书，都是一样的道理。对于读专业书来说，只有坚持不断地学习，才能使所学知识不断积累，得到及时更新，从而在某个领域有所作为，取得令人瞩目的成就。

对于一般的书，如《四书》《五经》或其他文言文，坚持每天读五六页，这样日积月累，常年坚持下来，不仅提高文言文的阅读水平，而且在潜移默化中学到做人的道理，从而使自己的情操得到锻炼，人格得到升华，使自己成为一个对国家、对社会有用的人。读书和教育的根本目的，就是要使每一个人成为真正的人，而不仅仅是获取谋生的技能和手段。

二、关于修文

"修文"一词源于《尚书·武成》。"厥四月哉生明，王来自商，至于丰。乃偃武修文，归马于华山之阳，放牛于桃林之野，示天下弗服。""偃武"就是放弃武备，"修文"就是加强文德教化，使天下臣民皆成为有一定道德修养和文化修养的人。本文讲的"修文"是指作文，写作学术论文。

（一）关于选题

选题的前提是阅读。课题是在阅读过程中发现的，不大量地阅读相关知识领域的学术论文或学术专著，头脑中是不可能凭空产生课题的。只有在阅读过程中才能发现那些未知的或尚未解决的学术疑团，也只有在阅读过程中才能找到解决问题的途径或线索。所以，对于一个做学问或者想做学问的人来说，读书是每天必做的功课。

具体来说，选题应注意如下几条原则：

1. 选前沿课题或热门课题。所谓前沿课题或热门课题，是指当前社会或学术界普遍关注的现象或学术领域。做这样的课题目的是为了探讨解决当前急需解决的现实问题的方法、途径和最佳方案，具有一定的现实意义。简单地说，这样的课题值得做，有实用价值。

2. 选冷门课题。所谓冷门课题，是指当前社会或学术界不太关注的学术领域，在此领域范围内选取某一方面进行研究探讨。这样的课题往往学术性很强，所以不被一般人所关注。但是，作为学术研究来说却又是不可或缺的。

3. 做与本专业相关的课题。一个人经过一定时间的专业学习，在头脑中储备了一定的专业理论和知识，这些理论和知识是从事本专业领域学术研究必备的。所以，在选择课题时一定要选本专业领域的研究课题。如果选其他领域的课题，还得重新学习有关理论和知识，这样既耗费时间精力，又不容易做好。

4. 集中于某一领域的课题，再逐渐大而广之。对于刚从事学术研究的人来说，一定要选定自己的研究领域，专心致志，经过几年的努力，方能取得预期的成就，切忌打一枪换一个地方。否则容易丢失自己研究的特色和领域，也不容易取得成就。

5. 先做小课题，后做大课题。从事学术研究，总是先从小课题做起，等积累了一定的知识、资料和取得一定成果以后，再考虑逐渐扩大研究的范围。再说，小课题也容易做，至少资料比较容易搜集，容易把握。

6. 做资料易于搜集和相对集中的课题。有些课题由于涉及的范围比较广，资料一时难以搜集，这样的课题既费时又费力，不适宜个人做，而适宜课题组去做。

课题类型主要分为专题研究、专书研究和学术史研究——综述类。

（二）学术研究的类型

1. 理论研究型（含研究方法的探讨）：理论创新，就某一研究领域提出自己独到的见解。

2. 实践型（分析和考查）：运用专业理论解释现象，预测发展趋势，总结发展演变规律。

3. 综述型：包括学术理论、研究现状、学术成果介绍、学术史（专人或专书）研究。

（三）材料搜集

基本原则：尽可能完备。凡是与本课题相关的且业已正式发表的材料如著作、论文等，均应尽可能搜集齐全，在认真阅读的基础上加以充分利用。

搜集方法：一是观点摘录，二是论据摘抄。切忌材料堆砌，应选择能支撑本人观点的材料。

注意事项：原始材料的信息一项也不能遗漏，如作者、篇名、期刊名、发表时间、页码，或作者、专著名、页码、出版社、出版年份、出版城市、书号等。

（四）材料组织——文章内容

1. 学术背景介绍：国内外研究现状，已取得的研究成果，存在的问题等。

2. 课题选题意义，预期解决的学术问题。

3. 相关专题介绍——引入正题。

4. 论证过程、分论点及主要观点。

5. 结语——概括性地回顾本文研究的主要内容和基本观点。

(五) 论文的结构形式

可以参阅毕业论文格式要求。

老老实实做人，认认真真做事

姚国天

作为一名在教育战线工作了几十年的老教师，我为自己能一生从事教育事业感到无比自豪。我的座右铭是：老老实实做人，认认真真做事。下面主要从教学方面谈一下自己的做法和体会。当然我的做法不一定适合其他人，况且时代不同了，对教师的要求也有所不同。但是，我认为有一点是不会变的，那就是作为一名教师，你的所作所为一定要对得起学生，对得起自己的良心，对得起人民教师的光荣称号。我在教学工作中主要做好以下几个方面的工作。

一、备课

回顾自己的工作经历，我印象最深的就是首次在物理系上课。那是在我刚毕业留校时，系里安排我半年后就要给大三的学生主讲“无线电”课程的前半部分。要想讲好课首先就要备好课。当时全国师范院校还没有“无线电”课程的统编教材，所用的教材是物理系电学教研室自编的油印讲义。为了备课需要，我在校图书馆找到了仅有的几本相关书籍，又在新华书店购买了一套1973年版的清华大学编写的《晶体管电路》，这是当时无线电电子学领域的一套权威教材。为了掌握这门课程的整体内容体系及重点、难点、要点等，对于该课程讲义及上述几本书每一章节的内容，我都进行了认真的研读，甚至把每本书中的思考题和练习题全部做了一遍，并且还详细地做了读书笔记，记下研读过程中对某些问题的认识、体会和想法。除此之外，对于这门实践性很强的课程，我还做了一系列的相关实验。有了前期的准备（当然还包括对学生基础的了解），我就开始写翔实的讲稿。

首先明确每一节课的教学目的、教学内容与要求，教学环节安排，重点、要点、难点与深度的把握。讲稿中除了具体介绍相关教学内容，如电路的组成、概念、工作原理、基本分析方法、例题，也要尽量联系实际，有时还配以课堂讨论，每次课后布置适量的作业。有些比较复杂的电路事先画好挂图（那时没有多媒体教学手段），只要系里有条件，事先还要准备好演示实验。我的讲稿除了注重教学的实质内容还很注意版面的整洁和规范，电路图都是用三角板和圆规画的，课堂上的板书、板画也是在备课中事先设计好的。

二、授课

有了准备好的讲稿，这仅仅是讲好课的前提条件，并不代表一定就能讲好课。为了讲好课，我每次上课均是提前十多分钟到教室（教了几十年的书从没迟到过），如果有演示实验，则会提前半个小时甚至更长。先到实验室将相关的仪器、电路板、连接导线、连接板等搬到教室，并连接好演示电路通电试验，以确保上课演示实验时万无一失。到了课堂上就是全身心地投入到讲课中。在讲课时首先自己的思路要十分清晰，基础理论的讲授力求科学、严谨、准确，基本概念和思想一定要非常清楚、准确，深度、难度要适宜，要将理论与实践、教学方法和物理概念紧密结合。讲课过程中总会涉及数学公式，特别要讲清楚这些数字公式中所包含的物理意义。讲课时尽可能用启发式教学方法，避免平铺直叙，杜绝“满堂灌”。我认为从某种意义上讲，课堂教学中的教师和学生是两个同等重要的角色，学生的积极参与是极为重要的。所以我在讲课中特别关注学生的听课反应，包括面部表情，从中可以发现一些问题。据此可以及时进行有针对性的调整。讲课中的关键问题、重点、难点、要点要讲清、讲透，但并不是所有内容都要讲得很细，有些内容可以给学生适当的留有思考空间，充分发挥学生学习的主动性和积极性，以进一步提高课堂教学效果和质量。一般情况下，上完一章后我大都会安排一次习题课。上习题课时将该章内容作一些简单回顾、归纳、概括，再选择一些有代表性的、典型的例题，并配以适量的课堂练习。例题的讲解，重点并不在于具体解题，而在于分析问题并讲清楚解题思路。一旦问题分析清楚了，解题思路也清楚了，相对来讲，具体解题就不是一件困难的事情了。

三、批改作业

我一般每次课后总会布置几道作业题。以前学校的招生规模较小，教师一般每学期只教一个班的一门课，每周收缴一次作业，所有学生的作业全部批改。每次批改作业时，若发现有错误，都会指出错在何处，有时还会说明产生错误的原因，对于出错的学生都要求订正，下次收作业时还要再批改。每次学生的作业均给出成绩，并计入平时成绩。有时也能发现某位学生对某道题会有特别的解法，对此我会给予充分的肯定和积极的评价。批改作业过程中我也会做好记录，记下学生作业中做得好的方面及存在的问题等情况，并安排在以后讲课中或者答疑时予以讲评，做得特别优秀的学生给予表扬，做得特别差的（尤其是抄袭）学生给予批评。这样做是对工作负责，也是对学生负责。

四、课后答疑

每次课后我都会在当天晚自习时间到班上答疑，对于学生提出的任何问题，都会耐心讲解。有的问题是很简单的，有的不是很容易解答的，有时也会遇到肯钻研、爱动脑筋的学生提出较为深入的甚至是比较复杂的问题。有时则是和学生共同讨论，形式多样，并不一定是一问一答的单一形式。课后答疑一方面可以帮助学生解惑，另一方面对于自己教学水平的提高也有一定的帮助。比如，对某部分教学内容在备课、讲课过程中，从学生一方考虑的可能不是很周全，通过答疑有利于今后备课时加以完善，授课中就可以有的放矢。所以说课后答疑对于教与学两方面都具有积极意义，教师理应认真做好这一工作。

五、指导实验

我所主讲过的课程中均有学生分组实验，只要系里安排我带学生分组实验，总是要设法做好它。首先是准备教学计划中规定的实验，包括仪器、设备、材料等均要准备齐全，有时设备有故障，经常是自己动手维修，确保学生所用的实验设备完好率达百分之百。准备好实验设备后，我还会用每套设备做相关的实验，记录下相关的实验数据，因各套实验设备的系统误差是不同的，只有这样，在指导学生实验时才能做到心中有数，对于学生得出的实验数据方能做出正确的判断。在学生实验前几天，我会在实验室的黑板上提前规范地板书、板画相关实验的名称、内容、线路图、主要操作步骤、注意事项、思考题、报告等内容。每次学生实验前我一般会用十几分钟时间“讲实验”，特别是强调做好实验的关键点及注意事项，有时也会抽查学生实验的预习情况。在指导学生实验时精力高度集中，尤其是带强电实验时，不停地巡视检查，发现问题及时处置。只要教师认真负责，学生互相抄袭实验数据、凑实验数据的现象是完全可以杜绝的。为了科学合理地给每一位学生评定实验成绩，要根据学生平时实验出勤、预习、操作、报告，综合给出每一次实验的成绩，这些成绩都是平时记录积累的，绝不能只根据实验报告给分。

六、学生考核

我主讲过的每门课程都安排有期中考查和学期考试，不论是何种考试，从考前复习、出试题（近十几年来所任课程已有试题库）、到监考、批改试卷等各个环节都会严肃认真对待，特别是考前绝不漏题。我认为教书育人是教师的天职，言传身教尤为重要，如果考前漏题，一来说明教师的工作责任心有问题，二来这种做法对平时一贯认真学习的学生很不公平。作为教师有责任为改善考风做一点力所能及的事情。

以上仅是我几十年来在教学工作中的一些做法和体会，不当之处在所难免，欢迎读者批评指正。

肩荷重任　立德树人

赵兴勤

习近平总书记在党的十九大报告中指出："建设教育强国是中华民族伟大复兴的基础工程，必须把教育事业放在优先位置，加快教育现代化，办好人民满意的教育。要全面贯彻党的教育方针，落实立德树人根本任务，发展素质教育，推进教育公平，培养德智体美全面发展的社会主义建设者和接班人。"这一目标的确立，给全体教育工作者以极大的激励和鼓舞，也为我们日后的努力指明了方向。

作为一名高校教师，直接面临为国家培养、输送高端人才的光荣使命。站在三尺讲台，如何培养学生的社会主义核心价值观，引领他们以昂扬向上的精神状态投入到学习中去，无疑是一个严峻的命题。社会形势发展很快，各种渠道所传递的信息五花八门、良莠不齐，一些负面、消极因素的扩散，很容易令青年学生陷入迷茫，找不到人生的方向。终日与学生相处的一线教师，最容易捕捉到此类苗头性的倾向，所以，老师不光要做到"传道授业"，更应及时"解惑"。要充分利用课堂教学、课后辅导、课余谈心这些得天独厚的有利条件，及时与学生进行思想上的沟通交流，因势利导，循循善诱，给他们多些鼓励、多些力量、多些温暖，在潜移默化中增强其自尊心和自信心。

当然，教师要想完成这一光荣使命，还必须在自我完善、自我提高上下功夫。从某种程度上说，教师往往就是学生情绪的风向标，倘若自己的思想有了偏移，在不经意间流露出不该有的情绪，无疑会对学生造成很大影响。教师如果缺乏前进的明确目标，仅把教学作为谋生的手段，又怎能让学生树立远大理想，学生又怎会心悦诚服地被引导？“己德”不高，焉能“树人”。戏词里有句话说，“欲正人先正己，人我一样”，教师必须具备符合社会主义核心价值观要求的理想与道德追求，不断完善职业操守，将兢兢业业的工作态度、吃苦耐劳的精神品质、拼搏创新的人生追求、淡泊名利的职业操守，贯穿于教学活动，让学生实实在在感受到教师人格的力量及拥有真理的潜在魅力，才有可能实现“树人”这一远大目标。

人才的培养，是一个极其复杂的系统工程。在“育人”上，优秀文化、道德的涵养是先决条件，但真要造就对国家、对社会的有用之才，还必须培养学生的社会责任感，解决“为何学习”的问题。是为金钱利禄而疲于奔命，还是将学习生活与国家兴盛、民族振兴联系在一起，这是个至关重要的问题，也是人生价值坐标如何确立的大问题。其实，我国优秀的传统文化，就很注重读书人社会责任的培养，“士不可不弘毅，任重而道远”“先天下之忧而忧，后天下之乐而乐”，所讲的都是这个道理。封建时代的士子尚且如此，更何况社会主义时代沐浴着党的阳光成长起来的一代新人？所以，当代大学生更应该跳出“小我”、胸有“大我”，眼观全局，奋发图强。

为谁而读书的问题解决了之后，就是如何教育、引导他们德智体美全面发展的问题了。在一定意义上，一个民族的创新能力就是发展能力。教师除了要做“经师”，更要做“人师”，不仅要“授人以鱼”，更要“授人以渔”，这就要求教师应具备较好的科研素质，能敏感地发现并捕捉学术论题，并在课堂教学中始终贯穿问题意识，将学生的被动听讲转化为主动思考。可充分利用青年学生好奇心强、头脑灵活这一特点，引导他们较早接触富有一定学术探索意味的课题，让他们在实际操作中，向知识的海洋主动求索，实现理论与实践的进一步对接。同时，也使教师课堂传授的内容落到实处。所以，在一定程度上说，教师在“树人”上的投入，并不是单方面的付出，在师生互动中，教师不仅收获了自信，还赢得同学们的信任与尊重，人生价值得到最大程度的实现。

我的高校教龄已有数十年，在教学和科研上均有不少收获，在教书育人上的一切努力，都是为了国家振兴这一大目标。党的十九大报告，对教育事业和文化建设的高度强调，对于每一名科研工作者和高校教师，都是一个很大的鼓舞。作为一名光荣的人民教师，我决心以学习会议精神为契机，进一步解放思想，坚持以立德树人为本，“让每个孩子都能成为有用之才”！

施教须做苦功夫

韩立尧

随着我国改革开放的深入和经济的进一步腾飞，我国的教育事业出现了蒸蒸日上的大好局面。

高等教育是教育事业的一个重要方面，肩负着为国家培养各类专门人才，为社会主义事业培养合格劳动者的重大责任。作为高校的教师，如何使自己的工作能够适应形势发展的需要，不负党和人民的重托呢？或者说应该在哪些方面加强工作，才能顺利完成这个重大的任务呢？

我认为：首先应该对当前的教育形式有充分的了解和认识。随着我国综合国力的提升，人民生活水平不断提高，国家越来越重视教育事业，国民受教育特别是高等教育的机会在增加（从高考的入学率提高可知）。一个受到良好教育的国民群体，才是国家兴旺发达的基础，因此，高校的教师担负着我们民族的希望，担负着国家崛起的重任，万不可掉以轻心。作为一名教师，如果你随时想到自己工作是在为民族兴旺做着点滴积累，是在为国家强盛添砖加瓦，你的自豪感就会油然而生，你就会感到工作无比神圣。

其次，尽管对学生的教育有其本身的规律，但不容忽视的是对学生的思想道德的培养。在高校学习知识技能是重要的，但学会做一个有理想、有道德、有责任心、乐于奉献的合格劳动者更重要，我们应该通过不断的努力，使我们的学生有远大的志向，愿意奉献社会，能够在各种环境中恪守道德准则，有担当、敢负责，为国家、为人民，做出自己应有的贡献。即使是平平凡凡的工作，平平淡淡的生活，也能不屈其志，不甘下流，我以为这是我们社会所需要的。学生思想道德方面的培养，绝非一蹴而就，随着国家的强盛，人民生活的提高，社会大环境正在健康向上，这为我们的思想教育工作提供了越来越好的条件。

再次，专业知识的培养教育无疑是高等教育的重要内容。人类的文明，正是通过代代接力而延续、发展、提高、辉煌。从中华民族几千年的文明史，以及近代的科技发展史，应该看到我们的民族是一个伟大的民族，是一个充满智慧、勤劳勇敢的民族。我们应该感到自豪与骄傲，但我们也要看到，世界上许多其他民族也有其光荣的历史，也做出了辉煌的成绩，尤其在近代科学发展方面的成绩，因此我们既不能妄自尊大，也不能妄自菲薄，而应该博采众长，努力学习先进知识，遵守客观规律，以实事求是的客观态度对待各种文化，掌握最先进的知识，为我们的伟大国家繁荣昌盛付出自己的努力。作为高校教师，必须随时随地提高自己业务水平。知识更新的越来越快了，不进步就会落伍，已取得的各种成绩只能说明过去，决不能躺在功劳簿上，要随时鞭策自己，不断钻研问题，能够天天有进步、有突破，这才是最大的快乐。

最后，教学的过程是一个教师和学生互动的过程。作为一名教师，如何把知识传授给学生，这就是教育方法的问题了。我想，没有哪一个教师不想成为优秀教师，渊博的知识、良好的愿望和勤奋的努力，是做一名优秀教师的基础，而真正做到优秀还应该在教学规律上下一番功夫。

我们的学生来自不同的中学，各种情况不尽相同，学业水平参差不齐，思想情况其实很复杂，这无疑增加了教学的难度，需要教师们下功夫了解情况，因人施教。可能你只是一个任课教师，不是班主任，但多与同学交流，多了解同学的思想诉求，与同学们形成融洽的师生关系，是解决问题的出发点，只要努力去做，就能够找到最佳的教学方法。

我们现在正处在一个和平发展的时代，也是我们最大有作为的时代，让我们共同努力，为了这个繁荣昌盛的时代做出我们的贡献！

立身立学立“规矩”

刘洪英

多年来，我遵循这些信条：没有规矩，不成方圆；先入为主等。在每届新生见面会上，我都以开场白的方式，给中共党史硕士研究生立下“规矩”，结果学生受益匪浅。同学们始终遵守着这些“规矩”，顺利完成了学业。以下是我的新生见面会开场白。

同学们：大家好！欢迎大家来到师范大学，一起学习生活。你们入校后面临两大任务——学会做人和学会做学问。

一、学会做人

“学会做人”是21世纪对人才最基本的素质要求。中共党史硕士研究生，必须塑造自己高尚的思想品质和时代责任感。同学们作为高素质人才，首要的能力是学会做人。

1. 严格要求自己，遵守校纪校规。

阅读《研究生手册》，上课之前读完一遍。尤其要牢记：《研究生手册》（第5～6页）：第三章的请假与考勤，第四章的考核与成绩记录；朱敬文奖学金（第60～62页）；《培养方案》中第六、七部分（第75～82页）。

2. 学会与人相处。

（1）与导师：研究生的管理不同于本科生，师生关系比较密切，导师可能是你一生中最重要的老师之一。因此，要尊重导师。什么是尊重？按时完成导师安排的学习任务，不拖延；主动找导师交流。有事须离开学校时，必须向导师书面请假说明理由，导师允许后方能离校。

(2) 与任课老师：主动服务，课间课后沟通。

(3) 与管理者等其他老师：主动汇报思想，打招呼问候，帮助做事等。

(4) 与同学：团结互助，经常进行思想和学术交流。

法政学院共 6 个硕士点，全校 50 多个硕士点，相互之间有个比较，一定要严格要求自己。

每个人，都不仅属于自己。你们中的每一个都与党史硕士点、法政学院、学校相关联，代表着本硕士点、学院和学校。在院里，你的言谈举止代表着党史点；在学校，代表着法政学院；在社会上，代表着学校。因此，要树立为党史点、学院和学校争光的意识，做事说话要注意树立良好的个人形象。

二、学会做学问

学会做学问，是你们攻读硕士学位的主要目标，也是你们在校三年的中心任务。

1. 深刻认识认真听课与撰写论文能力提升的密切关系，不缺课。课程开设是为撰写论文服务的。不听课，知识面狭窄，思路无法打开，论文就不知如何下手。

2. 学会充分利用课余时间查阅、收集资料，包括：(1) 图书资料；(2) 网络中的相关资料；(3) 有关杂志上的文章；(4) 调查材料等。随时随地做好读书笔记，早日确定学位论文方向和框架。

3. 按时完成各科课程论文和阶段学位论文，不得拖延。掌握学术纪律和学位论文要求：(1) 不得抄袭；(2) 遵从我校研究生学位论文封面和论文格式相关规定；(3) 40 000 字以上。

请同学们铭记、共勉！

再思考，再认识，再探索

——科研创新途径琐谈

张成福

从事科研工作，俗称“做学问”，最讲求的是创新，即对所探讨的问题，或提出新的观点，或采用新的研究方法，或发现新的论证材料，即便对学科理论的建设发展没有多大的贡献，也要努力让所思所论对教学工作与社会实践工作有一定的指导作用。如此，研究所得有自己的新的独立见解，才有一定的学术价值，才能称之为“科研成果”。然而，创新的确不是件容易的事情，拿出原创性的成果尤其之难，许多人为之困惑，苦思冥想，绕来绕去，写下洋洋数千万言，最终仍不过是博人一笑，没有多少新意可取。科研创新，路在何方？回顾自己三十年来的教学和科研工作实践，我的一点体会就是：坚信“学无止境”的理念，对研究课题不满足于现有的结论，对自己或他人的已有成果质疑和深思，再作深入探讨，提出新的看法。

1982年我从本校中文系毕业后留校任教，在中学语文教材教法教研室做杨履武先生的助教，教“中学语文教学法”这门课。时值这门课程在高校中文师范专业恢复设置不久，仍不被重视。比之汉语文学类主干课程，在一些人心目中这门课是“小儿科”，学生也没兴趣。但它对于师范专业培养合格的语文教师又有着十分重要的作用，采用传统的教法难以奏效。教学的尴尬现状引起了我的思考：作为师范中文专业的一门必修课，它的特殊性就在于它是一门讲教学方法的课，是研究怎样教学的课，比起其他系统传播知识的课程来有其鲜明的个性，教学法课自身更要讲究教学法。如果说“古代文学”“现代文学”“古代汉语”“现代汉语”等是主干课程的话，那么这门课便是把主干加工成有用的栋梁的课程。师范生毕业后成为中学语文教师，要把这些语言文学知识传播给他们的学生，要去培养中学生学习语文的能力，教学法课就是要教会他们“传授”“培养”的技能、技巧。在这个过程中，它要以教育心理学的基本理论作指导，又要同中学语文教学实践保持血肉关系，它的教学形式和教学方法必然具有多样性和灵活性。

有了这些新的认识，教学法课的教学进程在我们面前逐渐清晰起来：从宏观到微观，从理论到实践，从书本到讲台，逐步揭示中学语文教学的规律。着眼于培养师范生基本的语文教学能力这一目的，可将教学的整个进程划分为三个层次，或者叫三个阶梯：掌握语文教学的基本理论知识　　教学基本功的训练——进行课堂试教和语文教育调查研究。这个实施方案经过两轮试行，取得了成功，并完善了每个层次中要注意的问题。1986 年 5 月，我把思考探索所得撰写成论文《中学语文教学法之教学法的再探索》，发表在当年的《徐州师范学院学报》（哲学社会科学版）高教研究专辑上，1990 年 8 月这篇被全国语文教学法研究会评为优秀学术成果论文二等奖。

面对教学上的问题，结合教学实践，探索出新的经验和规律，既有学术意义，又有实用价值，因为教学与科研本来就应当是互动互哺，互利双赢的。而对本学科专业知识本身的研究，则更要多问几个“为什么”，不能停留在已有的成绩上，要深钻细研，进一步开掘，创取新的成果。在本科毕业前夕做毕业论文时读唐诗经典《杜诗镜铨》，我就发现杜甫诗句中喜欢用“一”的“屡用字”习惯，当时就感到这是一个很值得注意和研究的语言现象。于是通读杜诗，调查摘录出诗中用“一”的461例，从词汇学、语法学的角度，考察分析诗句中“一”字的意义和用法，写出论文《杜诗中的“一”字》，刊于《徐州师范学院学报》（哲学社会科学版）1985年第4期。杜诗的用词是研究汉语史的重要材料，该文的研究有助于对唐代各类词用法的了解。其实，在论文稿呈交学报编辑部之后，我就一直在想，为什么杜诗中这么喜欢用“一”这个词呢？看来这绝非仅仅是语言客观表达的需要。诗，是语言的艺术。要继续探求杜诗屡用“一”字的主观情感和美学价值追求。再读《杜诗镜铨》，书的附录三引录了清人吴齐贤《论杜》的一段话：

或一字屡用，随处不同，读之各见其妙。……有用一字者，乾坤一草亭，乾坤一腐儒，天地一沙鸥，于乾坤天地之内下此一字，写其孤也，写其微茫也。

吴氏这段话使我的想法更加坚定。“诗圣”老杜是个“苦用心”的诗人，他特别重视锻词炼字，“语不惊人死不休”。旧诗选字的标准要求明丽、高洁，这些“一”字在诗意的表达上起着重要作用。于是再从修辞学的角度分析探讨这些“一”字词在杜诗中感人至深的艺术魅力，得到“刻画形象、开拓意境、豁显题旨、贯通诗意、巧构辞格”的结论，写出论文《杜诗“一”字词的修辞作用》，发表于《信阳师范学院学报》（哲学社会科学版）1986年第1期上。该文被《全国报刊索引》1986年第4期“古典诗歌、韵文评论和研究”收录，又被《报刊资料索引》1986年第

5 分册“汉语的实用理论”收录，且被中国人民大学出版资料中心“人大文摘资料卡片”摘录。

高校的科研工作及其成果除了对学科专业建设发展具有推动作用，对专业课程教学发挥指导作用之外，还必须对经济建设与社会发展起到促进作用。为社会实践服务，是科研工作的重大使命。因此，适应社会实践的需求，对相关课题的已有成果再作全面深入的探讨，以新的认识来实现课题研究对经济社会的实用价值，是再出新成果的有效途径。

1991 年暑期，徐州市科学技术协会举办科技人员学术论文写作培训班，我应邀到会讲述科技论文的语言表述问题。之前准备讲稿，我翻看了一些汉语书，又找了几本科技论文写作的著作，发现这些著述中谈到这个问题，都只是简略地提出科技语体的基本要求，概述一下语言运用上的特点，什么大量运用专业术语，句式单一，很少选用修辞格等。如此，怎么能帮助指导科技人员提高论文的语言表达能力呢？有调查才有发言权，我赶快找到科协，请他们提供学员写作的几十篇论文稿，挑灯夜读，字斟句酌，梳理出论文语言表达的问题。讲课时，有针对性地列举正反语例，具体阐释了科技论文语言运用的种种问题，与会人员感到非常满意。讲学归来，我心潮难平，对此问题不能就此罢手。于是，又查阅研读了一批理工科不同专业的论文，对科技论文的语言特点再作详尽的考察和理性的思考，撰写出论文《专门科技语体语言表述特点的再认识》（载于徐州师范学院中文系《汉语研究论集》编委会编《汉语研究论集》，语文出版社 1992 年出版），提出新的结论：专门科技语体跟其他语体一样，除了达到语言表述准确、严密、简洁、平实等这些最基本的也是起码的要求之外，还有着自己的追求，即它是阐述科学技术的，因此需要科学地阐述，以科学性作为自己的基本要求，同时讲究精到优美。具体表现为精确与模糊的统一，简约与精到的统一，平实与优美的统一。关于语言运用上的特点，词语方面按词类作了具体分析，对“句式单一说”“少用修辞方式”提出质疑，指出其严整中有变化，也积极采用一些修辞方式造成句式生动优美的语言风格。

树立良好学风　端正科研态度

杨绪敏

开展科学道德和学风建设宣教活动，是加强社会诚信建设、培养德智体美全面发展高素质创新人才的重要内容。学风问题一直是困扰我国科研工作进步的痼疾。在商品经济大潮的冲击下，功利主义、利己主义、考核机制的滞后等导致学风被扭曲。比如在高校中，由于职称评审、年终考核侧重于科研成果，而忽视教学成果，导致一些教师把主要精力放在争取项目、多发论文上。近年来教学质量的下滑是与之有关系的。更为严重的是一些人为了达到牟取私利的目的，公然进行剽窃、抄袭。正如一位学者所云："学术的地位已经沦落到人人都可以侮辱和造假的地步。在大学的殿堂里，学术是神圣的，但是为什么还有抄袭和剽窃发生，而且更多的人怀着麻木和宽容的目光去看待这一切，因为学术不再是单纯的学术，已经变成一种世俗工具和求生手段。能够获取它和掌握它谋求到目的，这个是很重要的，所以实利变成一种驱动。实利是有价的，有价的就可以置换，置换的手段如何已经不重要了，这是一种文明的异化。"而学生更多的是关注考试过关，哪些课有利于考研和就业就认真对待，哪些课认为是无关紧要就弃之不顾。于是出现逃课、代考、作弊等现象，在本科毕业论文和研究生毕业论文中出现严重的抄袭现象。如何看待这些问题和改变这种现象？

这是值得每一个人深思的大问题，它实际上关系着一个民族的兴衰存亡。

我们作为一个个体，个人的力量和影响力必然是有限的。但如果人人从自身做起，端正学风、树立诚信意识，我们就能逐渐改变不良学风和社会风气，在全民族树立讲诚信、守规矩的良好风气。

下面我主要谈谈在科研工作中如何恪守诚信，防止抄袭、剽窃现象的发生。

在科研选题的过程中，千万不可想当然地去确定选题。首先要全面地了解你准备研究的学术领域的学术动态，过去和现在人们研究过哪些问题？这些问题研究的情况如何？还有哪些问题讨论未竟或尚未讨论？当前新发现了哪些资料？这些资料对过去的结论有无影响？这就需要通过检索工具书去系统地查找相关的信息。哪些问题可做，哪些问题前人已经解决，再做研究实属做无用功。

我觉得选题本身要具有创新性：选题要求"新"，不要重复以前说过的。顾炎武就曾指出：所谓创作，"必古人之所未及就，后世之所不可无，而后为之"（《日知录》卷十九）。焦循也曾指出："人未知而己先知，人未觉而己先觉，因以所先知先觉者教人，俾人皆知之觉之，而天下之知觉自我始，是为作。"（《雕菰集》卷七"述难"）

文章没有新东西，没有自己的东西就没有价值。比如我写《晚明张燧〈经世挈要〉及其经世致用思想探研》（《史学月刊》2009 年第 6 期），在阅读完所有相关材料后，我发现关于《经世挈要》截至当时尚无人研究，确立这个课题研究，本身就具有创新意义。

为此我从以下几个方面展开研究：

一是张燧的生平事迹及撰写《经世挈要》的过程。张燧,《明史》无其传,其生卒年月不详。王重民先生由光绪十五年刊刻的《湘潭县志》卷三十九《张嘉言传》中查索到有关张燧的信息。其中要说明张燧《千百年眼》和《经世挈要》两种截然不同的治学方法,一为读史札记,采用考据、论证的方法,一为编辑有关时务的相关材料,同时发表自己的见解和意见。前者侧重于学术性,后者侧重于实用性。两部书的刊行相差不到 20 年,但反映了作者治学方向的变化。造成这种变化的原因何在?

二是介绍该书撰写的时间、动机、内容体例、特点等。

三是该书所反映作者的经世思想和价值。1. 重视探索京师、内地战略要地的防御及边防、江防、海防等方面的问题,以图达到拯弊救亡之目的。2. 揭露社会矛盾,主张采取措施缓解矛盾。3. 分析治军之弊,主张精兵强兵。4. 重视发展经济,倡导强国富民。

最后作总结:长期以来,人们在论及明末清初经世致用学风时,往往将之归结为顾炎武等人倡导的结果,实际上,早在顾炎武之前已经有不少学者开始把学术研究的注意力放在时政问题的研究上,并且身体力行地倡导经世致用的学风。张燧就是其中一位杰出的代表。

再如我发表的《论吴炎、潘柽章与〈明史记〉的纂修》(《史学史研究》2012 年第 2 期)一文,主要论述了吴炎、潘柽章二人修史的动机、资料的收集、分工及作史的方法等。透过现存的潘氏《国史考异》和吴、潘合作的《今乐府》,探究了潘氏对相关史料考辨的严谨态度和《明史记》的基本内容、体例及作者褒贬人物、事件的立场和态度,从而总结出《明史记》的若干特点。此前一些著作或通过叙述顺治、康熙朝浙江庄氏明史案，而涉及被无辜诛杀的青年史家吴炎、潘柽章，或从文学的角度研究其《今乐府》，或从史料考据的角度分析其《国史考异》，而尚无人全面地探究吴、潘撰写《明史记》的内容、体例、史料的考证、褒贬人物、事件的态度及特点。

一篇好的论文首先要能够说明前人没有说明的问题，或者是前人没有说清楚的问题，或者是订正前人说错的问题。其次论证自己的观点时一定要有论据，而且不能是孤证。并在引用别人观点时一定注明出处，严格按照规范化要求。这样我们就可以避免抄袭、剽窃等严重违规现象的出现。

修身心与治学问

吴忠海

在现实生活中，常常存在这样一种现象：同样的学习环境，同样的工作或科研条件，不同的人取得的成就却大不一样。这是为什么呢？

对于这个问题的认识不少人走入了误区，即把原因归结为生理上的智商差异。这种错误的认识极大地挫伤了人们的积极性，桎梏了人们才智的正常发挥。

最近几年来，越来越多的研究人员认为智商并不是衡量人类智慧水平的唯一标准。研究资料表明，世界上有名的科学家、企业家、社会活动家，其成功的因素中，智力因素只占三分之一，而非智力因素却占了三分之二。

有人曾对获得过诺贝尔奖的科学家做过调查，发现他们绝大部分人青少年时代的智力在同龄人中不是最好的，多在中上水平，但其非智力因素却是最优秀的。他们的共同特点是：对人有礼貌，易与人交往；富有同情心，会体谅人、理解人及爱人、助人；诚实，能长期取得别人的信任，长期与人维持友情，任何时候都能得到朋友的帮助；意志坚强，在困难面前不退缩，百折不挠；集体主义精神强，不计较个人得失，全心全意为集体、为人民服务；热爱劳动，不怕苦，不怕累。这表明，一个人成才与否，固然与他的智力因素有关，但更主要的是人的非智力因素，它决定着人的活动方向和性质，产生着巨大的内在动力，保证着智力活动的正常进行。

无数成就卓绝的伟大人物的人生实践证明，一个人的社会理想崇高，价值观正确，信念坚定，责任心强，对科技工作的追求执着，就能够充分地发挥自己的聪明才智，取得更大的成就。

然而遗憾的是，至今仍有许多人没有认识到这一点。君不见，在当今这个浮躁的社会里，有些人耐不住寂寞，坐不得冷板凳，经不起名利的诱惑，竟然去抄袭他人，欺世盗名，以为只要自己能发几篇无病呻吟的文章，出几部哗众取宠的专著，就能招摇过市，名利双收，流芳千古。历史证明，这种人的下场，十有八九是遗臭万年！即使是已经取得了巨大“成功”的人，由于其人格的缺失，为名缰利锁所羁绊，也一样会毫无成就。

事实上，人的非智力因素特别是道德品质素质对人的智力的发挥和成就的取得所具有的重要影响，早已为许多有识之士所认同。

科学巨匠爱因斯坦坚信，一个人才智的发挥和成就的取得，不光依赖于知识的多少，还取决于他品格的高低。他在评价居里夫人时，不仅高度赞扬了居里夫人的高尚品格，而且指出了她的才智成就与她的优良品格是密切相关的；她所取得的巨大成就，不仅靠她工作上的努力，更依赖于她高尚的品格。爱因斯坦在给居里夫人致悼词中说：“在像居里夫人这样一位崇高人物结束她的一生的时候，我们不要仅仅满足于回忆她的工作成果对人类已经做出的贡献。第一流人物对于时代和历史进程的意义，在其道德品质方面，也许比单纯的才智成就方面还要大。即使是后者，它们取决于品格的程度，也远超过通常所认为的那样……我对她的人格的伟大愈来愈感到钦佩。她的坚强，她的意志的纯洁，她的律己之严，她的客观，她的公正不阿的判断——所有这一切都难得地集中在一个人的身上。她在任何时候都意识到自己是社会的公仆，她的极端的谦虚，永远不给自满留下任何余地……居里夫人的品格力量和热忱，哪怕只要有一小部分存在于欧洲的知识分子中间，欧洲就会面临一个比较光明的未来。”

美国著名成人教育家卡耐基也认为：“一个人事业上的成功只有15％基于他的专业知识，85％要靠人际关系即与人相处与人合作的品德能力。”

可见，一个人的品格修养不仅对其知识的掌握、理智的形成、才能的培养起着促进作用，而且对其在社会生活中养成良好的习惯，提高个人的素质，以至于取得科技成就，都有着举足轻重的作用。

为什么一个人的人格完善对他才智的发挥会产生如此重要的作用呢？

首先，这是因为德对才具有统帅作用。司马光说过：“德者，才之帅也。”这就是说，才能的发挥，要靠德作保证。有了高尚的道德品质，科技工作者才能站在国家和社会利益的高度，在科学的道路上不怕艰难，锐意进取，开拓创新，去攻克难关，为人类造福。否则，贪图个人享受，计较名利地位，畏惧传统习惯，不敢越雷池半步，又怎能发挥才干攀登科学高峰呢？

在日常生活中我们常常可以看到，在天赋资质相近、外部条件相同的情况下，有的人能够充分发挥自己的才智，取得突出的成就，而有的人却平淡无奇，碌碌无为，其原因就是个人人格素质的差别，特别是道德素质的差别。一个成功的人才，必然是具有崇高的理想、坚定的信念、探索的勇气、成功的欲望、持久的动力以及为科学而献身的精神，并且付出了艰苦的劳动，才最终登入科学殿堂的。

其次，在人格修养过程中，道德品质修养与科学知识修养相互促进，共同促进人才的成长。科学承担着道德的责任，道德决定着科学的方向。德行以求知为先导，求知以德行为根本。品德的修养从科学知识的修养开始，科学知识修养的深化离不开道德修养。真正的科学家都要承担科学研究对人类进步道义上的责任，使自己的研究成果有助于社会的进步和人类的幸福，而不是反其道而行之。

我认为，在这个知识爆炸的时代，我们迫切需要的不只是知识，更重要的是正确的价值观和完善的人格，因为它可以使我们知道如何正确地运用这些知识以服务于社会。或曰：要做学问先做人。会做人不一定会做学问，但不会做人一定做不好学问。

文心美　天地合

鲍继平

接到江苏师范大学撰文任务：老教师谈治学。应该说这个构想有创意，更有价值。人类经验以文相传。然而缺少有一个有效的外力推动，许多老教师辛勤治学几十年，没留下有用的文字，的确遗憾。

从节约的角度考虑，我想只说6个字：文心美，天地合，或呈以下简图。但这似乎有点不成体统。2 000字要求不浪费，所以拟从一个老教师角度侧重谈几点。

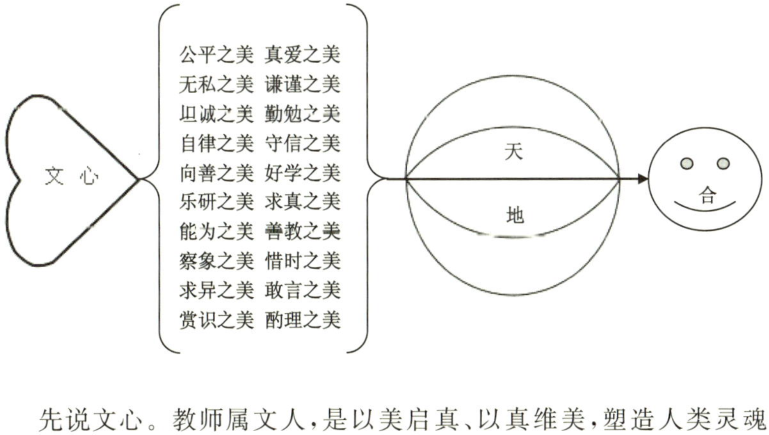

先说文心。教师属文人，是以美启真、以真维美，塑造人类灵魂，以实现人与人、与天、与地、即与自然和社会发展高度统一和谐的人，美的心灵是教师成功教书育人，创造天地人和谐美的先决条件。已不正不能正人，自不美何以美人？让自私自利丑态百出的人代言美是对美的亵渎。但如同容颜美一样，“文心美”也需要精心呵护和保养。按照习近平总书记所说的，经常“照镜子、正衣冠、洗洗澡、治治病”的人不会失其美。权力越大危险越大，双肩挑的教师既要教书育人，又要管钱管物管人，所以就越容易遭到“丑”的侵蚀，更要注意自觉“出汗”“排毒”、净化血液、美化心灵。“文心之美”因素虽多，但以下几点是防“丑”于未然的关键：

公平之美：即以公平的心教育每一个学生，对待每一个教工，处理好每一件事。“平”来于“公”，“激”起于“偏”。好种出好苗，所以求平必须公。奸商不公，必欺行霸市，造成市场混乱；教育不公，必厚此薄彼，偏激偏颇，激发矛盾，毁掉和谐。无血缘关系维系，公平是构建和谐课堂、和谐校园的基石，没有它，再宏伟的教育工程都会塌架。所以，教书育人不可不公。不公，哪怕是无意中的一个不公的眼神，不公的表扬或批评，都有可能在学生或部下的心底留下阴影；刻意的不公只能毁掉和谐。教育领域领导干部的不公祸害影响则更大。

无私之美：教育的无私是不掺杂质的纯美。教是老师对学生献出的真爱，是不能更不该图回报的。老师送走一届又一届学生，留下的只能是依依不舍的心和念念不忘的情，要图的回报就是听到学生毕业后在社会中取得的进步！教有所图是潜伏的自私的病毒，条件满足就会发病，最终会伤教伤学，害人害己。

真爱之美：真爱是发自教师内心，宽严适度，适合学生身心成长，需要主动做出的无私奉献。表面的温和与处理问题的凶狠，台上夸夸其谈大公无私，“一切为了学生，为了学生的一切”，台下却窃窃追名逐利，以“打亲骂爱”为名专找问题真打真骂，体罚处分实行强权之类都不是爱，都有损于教、学和管理。总之真爱首先要无私，起码要考虑他人的“知情意”。举例说，真爱不能宽于待己、严以律人或以己律人；真爱不能只顾教书而不知为何教、何时教、怎样教、教多少等不管学习者“身心情体能”需要诸问题；真爱是在看到学生为重病同学捐款时，虽然不是班主任也不能装聋作哑不出手相救；真爱不能厚此薄彼，嫌贫爱富，喜强厌弱，世态炎凉；真爱要能通过学生的眼神随时施助，把有可能发生的思想、学习、生活、情感等问题消灭在萌芽之中；真爱是不惜用心血和汗水辛勤耕耘和美化他人凋谢自己，却乐在其中的高尚道德品质和思想行为。可见，真爱乃仁爱、仁慈、仁厚、仁义、仁政。教人不仁，枉留伤痕！

敢言之美：教师乃教人之师，不是伪君子，不教伪科学，面对是非须直言不讳，敢说真话，不能人云亦云，不可唯书、唯师、唯上、唯尊。所以每次面对新生我都一再表明：“让我代表全班，向主动提出问题和指出教学问题的学生预致谢意，尤其是向主动回答问题出错的学生表示感谢，因为是你们敢言之误使我们感悟，使大家变得更加聪明。”温家宝总理在北京某校听课时鼓励学生向老师提问题，多次鼓励，学生却不敢、不能。此事绝非北京某校教师教书育人问题个案。事实上，学生课上无话但课后多话；在老师和家长面前无话，但离开老师和家长多话。要改变中国学生长期以来在文化霸权面前不敢谋求话语权的现象，教师不是磨平，而是要保护和培养他们敢言的思想棱角。敢言是能力，是品质，敢言者敢去伪存真，敢以正压邪，敢言者自然至尊至强。教师敢言需首先放下顾虑和虚伪，敢于让学生提问，欢迎学生随时插话，不惧批评和批判，不怕异声、异语和异议。为培养学生敢言的能力和品质，笔者实验提出了“课堂8声教学法”，在全国大学英语教师暑期培训报告会上引起共鸣。言为心声，行为言动。“感慨之言，能擅美当时，垂范未来”（黄侃，2006）。教师唯敢言感慨之言才能培养中华民族敢言求真求是之强人而强国富民！

善教之美：善教者应是专业内行，不怕吃苦，有教的理论，会教的技术，懂教的艺术。从吸取教训的角度具体地说，善教之美应该做到：“教忌明，学忌暗，管忌躁，研忌泛，说忌繁，讲忌淡，引忌扶，导忌牵，问忌盲，答忌全，思忌限，析忌含，理忌偏，辩忌敛，败忌哀，责忌袒，人忌浮，心忌懒，志忌弱，气忌短，情忌薄，知忌浅，欲忌私，进忌满。”（鲍继平，2010）教风乃学风，学风乃人风，人风乃民风，民风乃社会之风。认准选定了教师路，教就要乐于两袖舞清风，抚慰人心，美化社会，不能见利忘义，被卷进歪风刮邪风，绝不可教不求真，弄虚作假，瞒上欺下，贪图名利。

赏识之美：是指能以谦虚的心发现学生、部下和同事的优点，予以赞扬和鼓励，以扬长避短，就利驱弊，成人之美。虽非能伯乐，但教师应努力以伯乐之行为品质，发现他人之长，促成受教育者进步的良性循环。只看他人的缺点，责备求全的鞭打式教育，泼出去的都是冷水，收到的只能是凄凉或悲哀。个别学生的人生悲剧多半是其缺点被严重放大而优点遭到彻底屏蔽造成的。如同都有缺点一样，每个人也都是有优点的。作为教师，尤其是老教师，更不能只拿自己的优点比他人的缺点而恨铁不成钢，恨“他”不成“我”。三人行必有我师，所以教师要虚心，会以美启真，用赏识之心发现美、挖掘美、培养美、创造美！

酌理之美：培养人才就是引人追求真理，使人知书达礼，所以教师须做知理/礼、明理/礼、尊理/礼的典范。人有学识贵在识。“识”是“见识”，是人能动地辨识、内化所学后高度提炼的能力或形成的思想。“酌理以富才”（黄侃，2006），所以教学不可不“究理”，不可就事论事只看书本不看人，不可就题解题或只解文说字不讲理，要事—理、理—事地变来变去，要具体—抽象、抽象—具体地循环往复。酌理——审于行名，使我对“教为主导学为主体”的理论提出质疑，实验提出了“辨证动态双主教学论”和“学贵胜不贵久”等适合知识爆炸时代学习的思想理论，被吉首大学等大中小学的一些老师采用；酌理——检于实践，促我思考如何把“可持续性发展”的理论用于教学，保护人可持续性学习的热情，研究实验提出“模块化胜学法”等，结果亦惠及了其他院校的一些教师，他们申报了课题并发表了论文；酌理——虚以待物，使我在英语语法、词汇用法条目的字里行间寻觅规律，研究发明了“A La O英语学习争霸牌”，获得了国家专利，把“二语习得理论”和“寓教于乐”思想落到了实处，开出了“A La O英语学习争霸牌”选修课，学生也以此研究获得了校、省课题。然而，不酌理则教而无理、学而肤浅、写不求论、抄袭剽窃、陷入题海却能力低下，只管不理越管越乱，经验丰富却不知升华而功亏一篑，这亏都亏在一个“理”字上。“理亏乃万亏之源”（鲍继平，2008）。东方醒狮千万不可是无谋、无理/礼的勇夫。理智者，有理有智，以理达智；智慧者乃理之大成，教师若能谨记此理于心践于行，强盛/胜则非东方醒狮我中华民族莫属！

“为文之术，首在治心”（黄侃，2006）；“文心美，天地合”（鲍继平，2010），铸造人类灵魂的工程师心美了，教育美好的春天就不会远了！

科学研究的一点体会

屠树江

我是一个只有本科学历，既没有考研，也没有读博的“土八路”。我用了3年的时间实现了从副教授到教授的破格晋升，用了5年时间完成了从普通老师到硕导、博导的转变，用了7年时间走过了从国际20多个重要刊物的审稿人到美国3个重要刊物的编委的路程，用了9年时间实现了从国内到国外、从低级别论文到世界有机化学类高级别论文的全覆盖，用了11年时间获得了教育部自然科学二等奖，用了12年时间实现了从教育厅项目到江苏省自然科学基金、国家自然科学基金面上项目、国家自然科学基金重点项目的过渡。我的研究工作不能算成功，但可以说还是比较顺利的、幸运的。我认为搞科研要注意以下几个方面：

一、树立科研的信心

我是在43岁才开始搞科研的，为什么那么晚才开始？就是因为对自己没有信心。我的岳父是搞学问的，他经历了新旧社会，对人生的道路有较深的理解，多次提示我应该走学术之路。我虽有认识，但是一直没有行动，原因是信心不足。我想周围的人也都不缺少努力，但是效果不佳，我认为自己的智力还不如他们，搞不了科研。一个偶然的机会，我去重点高校访学，发现博士能做的事情我也能做，博导能做的事情我也能做，我并不比别人笨多少。访学一年，发了十篇文章，我才知道，我们缺少的不是智力，而是信心和努力，只要树立信心，加倍努力，一切皆有可能。

二、提高自身的几个能力

1. 做人做事的能力

做学术研究与做人做事是相通的，要想做好学问必须先学会做人。我们做学术研究必然会涉及别人对你的成果或项目是否认同的问题，我们投国外的文章，认为达到了发表在所投刊物的水平，但是往往被拒稿，是外国人的歧视，还是我们论文的水平不够？我们不能左右别人的看法，唯一能做的事情就是提高自己的质量。一般来说，学术界对学术的评价还是比较公正的，如果学会尊敬他人、理解别人、站在别人的立场看问题，烦恼就少了，心情就不那么别扭了。他不接受我们的文章，说明我们的水平还不够，等到水平提高了，文章自然就好发了。我们说要学会做事，要从小事做起，这也适用于科研。如果你只想着做什么惊天动地的成果，不愿意从小事情做起，眼高手低，其结果只能是失败。

2. 对学术前沿热点问题的把握能力

现代科学技术发展日新月异，搞科研不能够闭门造车。选择科研方向既要有理论意义，又要有应用价值，要结合自己的工作条件，不能脱离现实，不能够一下子选择太难的课题，要由浅入深，要知道一口吃不成胖子。找准世界最活跃的领域，其有效的方法是跟踪国际上最活跃的科学家。

我在开始搞科研的时候就是花了大量时间用于科研方向的选择，

选择利用现代技术用于有机合成化学，将微波用于合成重要类型的杂环化合物。由于杂环化合物在药物、材料等领域有广泛的用途，因而，它是当今有机化学研究的热点。目前这一领域世界上最活跃的科学家是 O. L. Kappe、Padawa 和 Matin，Kappe 是国际组合化学协会主席，Padawa 是国际杂环化学协会主席，Matin 是世界著名的杂环化学家，跟踪他们的工作可以很快发现世界杂环化学发展的动态，发现他们所关注的热点，站在他们的肩膀上分析问题，发现世界上尚未解决的问题，寻找解决方案。这种方法很有效，使我们很快进入世界前沿，成为这一领域最活跃的课题组之一。我们从追踪他们的工作，变成他们追踪我们的工作。目前，这些化学家与我们有经常性的交流与合作。

3. 捕获机遇的能力

对于实验学科，忠实于事实、实事求是是对科研工作者的基本要求。实验中出现意外情况，往往预示着重大机遇的来临，要仔细分析，不放过任何细节，彻底弄清楚事情的来龙去脉。有机化学著名的伍尔夫反应，就是意外情况的出现而得到有效的改进。我国的一位著名的资深科学院院士当时也遇到了这一反应，由于当时条件的限制，加上认识的不到位，错过了这一重要的反应。诺贝尔奖获得者莎普雷斯，在实验中发现了意外现象，找出了原因，解决了不对称反应中的关键问题，获得了诺贝尔奖。我国的一位国家杰出青年基金获得者，使用不同的反应器，出现不同的结果，找出了原因，解决了一个重大问题，成果发表在化学类顶尖刊物 JACS 上。我们发表在 JACS 上的工作，国内一位院士也发现了；但我们搞清楚了，所以我们成功了。深厚扎实的知识积累、踏踏实实的努力、敏锐的眼光、锲而不舍的精神，是捕获机遇的基础和前提。

4. 承受失败打击的能力

科学研究要经常面对失败，有的时候搞一个项目，非常辛苦地探索一年、两年甚至更长的时间，往往换来失败。我在做访问学者的时候，干得非常辛苦，早上8点进实验室，晚上基本上是12点出实验室，三个月下来，一无所获，非常失望，倍受打击。是放弃，还是继续再做？只能是继续，如果承受不起失败的打击，就不可能有后面的成功。成功一般都是在多次的失败之后获得的，没有失败就没有成功，承受不了失败的打击，就享受不到成功的喜悦。成功总是属于那些踏实、勤奋有准备的人，大道酬勤是真理。

积微研深知治学

王跃平

拙著《汉语预设研究》已在中国社会科学出版社出版，该书由知名学者、中科院语言研究所研究员吴福祥教授作序。认为，它“立足汉语事实，对预设的理论和应用等问题做了系统、深入的研究，是一项不可多得的重要成果。”《序言》表现出吴先生对拙著的偏爱和过奖，实际上是对我的一种鼓励和鞭策，就以《汉语预设研究》为话题写几句关于治学经验的话吧。

先说说选题的体会。

《汉语预设研究》其实是 2004 年省教育厅项目“汉语预设与语文创造教育”和 2006 年省政府项目“汉语预设与语文实践”研究成果的整合。此两个项目能够申报成功的秘诀在于：选题一定要从宏观着眼，留心边缘学科；一定要根据自己的积累情况。

2002 年前，我的兴趣在中学语文教学论方面，并对逻辑学产生了感情。2003 年，我获得研究生导师资格，开始肩负起为(语文)课程与教学论专业、汉语言文字学专业硕士生开课和指导其学位论文写作的任务。在给语用学方向的研究生开课的过程中，我发现逻辑学与语用学密切相关，其学科内容之间还存在交叠部分——这就是预设逻辑；在给课程与教学论专业研究生开课的过程中，我又发现预设知识的运用与语文教学密切相关。于是，我就把预设问题探讨作为自己的“学术增长点”。我为两个专业的硕士生前后开设了“语言逻辑”“预设理论研究”“语用学与语文教学”等专题课。由于教学的需要，我不得不潜心研读以往的相关文献。通过对前辈时贤相关成果穷尽式的搜集、研读和梳理，我感到：宏观上，预设的理论研究成果较多，而预设理论的应用研究成果较少；以英语等外语为对象语言的预设研究较多，而以汉语为对象语言的预设研究较少。应该把预设理论的应用研究、汉语预设研究（本质上也属于预设理论的应用研究）作为主攻方向。于是，便一头扎了进去。一方面致力于汉语预设本体研究，另一方面关注预设知识之于中小学语文教学实践的应用，关注预设知识之于语文实践、言语交际实践的应用。显然，我的上述两个选题都是边缘学科所关注的，它们来自我对学术领域的宏观观察和预测，产生于我的学术积累，其研究的内容自然也在我的治学背景所允许范围内。

再说说从事研究的体会。

从2004年9月第一个课题获准立项，到2011年5月第二个课题获准结项，一共是六年多的时间。期间辛酸苦辣寸心自知。下面几点是我感触比较深的，虽然它们都可能是老生常谈的东西。

第一，教学与科研之间是一种密切相关、彼此促进的关系。

我原先是一个中专学校的语文教师，1997年上半年调回母校，迄今整整十四年了。由于种种主客观的原因，我没有读硕、读博，没有做过一天的访问学者。十四年中，每年完成的教学工作量基本上都在定额的双倍以上；同时，每年完成的科研工作量也基本上都是超定额的。曾有一青年教师问过我：“你是怎样解决教学与科研在时间上的冲突的呢?”我的回答是:“只要计划得好,用于备课的时间乃至上课的时间就是科研的时间。”

可以说,我的科研大多产生于教学之需。例如,要给汉语言文学(师范)专业本科生开设“语文创造教育”选修课,要给汉语言文字学专业的硕士研究生开设“语言逻辑”“预设理论研究”课,就得广泛收集这个(些)专题的各种文献资料,认真研读前沿性成果,不断积累、整合诸种观点、见解、主张以及自己的学习心得,于是就产生了“汉语预设与语文创造教育”之课题。

对于研究生的课,我备课的过程往往是给相关论题做综述的过程,是一个研究的过程。我的文章,有些是在讲稿的基础上写成的。我给研究生开设了“言语行为研究”这门选修课。课堂上,同学们对运用非语言符号实施言语行为的问题很感兴趣,因而讨论得比较深入。他们的发言使我深受启发,课后,我把原讲稿的相关内容截取下来,发而为文,投给一家学报(核心期刊)刊发了。每年都有老教师退休,其所授课程就得有人去接。2005 年我接了一门为研究生开设的新课——“认知语言学”。说实在的,接课时我真有点诚惶诚恐。因为对这门课虽然有所接触,但知之甚少,许多概念、理论并未真正弄懂。不过,现在想起来,啃这块硬骨头是值得的,因为“认知语言学”并不是一个成熟的理论体系,它的研究内容并没有定型,准备这门课其实就是一个科研的过程。在拙作《汉语预设研究》中,有一节是专门探讨语用预设机制的,其基本观点是“认知化了的常规关系是预设的最终来源”。此节完全截取自我的“认知语言学”讲稿。

总之,教学(特别是研究生课程教学)过程不完全是一个知识的中转过程，对一个有志于知识创新的教师来说，只要计划得好，它也是一个知识的整合、深化和再生产的过程。只要你不准备照本宣科，你就一定会广泛搜索资料，去研究问题，从而一定会对问题有自己的感悟、独见，这也就是在给你的科研做准备，打基础，你的选题因此而来，你的科研因此而得到生发、得到延伸。另一方面，科研可以服务于教学，满足于教学之需。

第二，研究的过程就是寻找规律的过程，要重视和善于归纳概括出规律性的东西。我是这样想的，也是这样做的。例如，《汉语预设研究》讨论了数量副词的预设触发功能。以“就”为例，起初，我通过对语料的考察，归纳出“就”的预设触发功能是：既能触发“有关事物数量之少/小”之预设(A)，又能触发“有关事物数量之多/大”之预设(B)。应该说，这个归纳本身就是对语言事实的发现，是一种新见。但是，我并没有满足这一归纳，我在想：为什么既能(A)又能(B)呢？触发(A)、(B)的制约因素或条件分别是什么呢？于是，对语料做了进 步的分析、比较，终于概括出其中的规律，即：(1) 当“就”的语义指向其后的数量短语时，能触发“有关事物数量之少/小”之预设；(2) 当“就”的语义指向其前的数量短语时，能触发“有关数量之多/大”之预设。科研的最终目的是找到研究对象的本质和规律。只有重视对研究对象的本质、规律的探寻，并养成习惯，才能使我们的研究工作真正有所得。

第三，要懂一点逻辑知识。王力先生曾在多种场合呼吁搞语言的同志要多学点逻辑知识。他说：做学问，第一要有时间，第二要有科学头脑。科学头脑就是逻辑头脑；拥有逻辑头脑是语言研究的前提。譬如，归纳法是逻辑学概括出来的科研方法，不懂归纳法就不能概括出语言规律。逻辑学是研究思维形式及其规律的科学，它全面总结了人类思维形式的规律和方法，这些规律和方法是我们认识世界的工具，掌握了此工具，不仅会大大提高我们的思维质量和效率，还会大大提高我们表述思维成果的能力。唯其如此，许多杰出的语言学家才无不重视逻辑知识的学习。

我本人倒并不是因为懂得了逻辑知识之于语言研究的重要性，才接触逻辑的；相反，我是在接触逻辑之后才真正接触语言学的。当我在语言探索的羊肠小道上蹒跚而行的时候，我深刻体会到了逻辑所赋予的力量。譬如，在《汉语预设研究》中，我常常运用形式逻辑的方法去概括汉语预设规律。以对现代汉语复句的预设触发功能为例，我把重转转折复句、充足条件关系复句、必要条件关系复句所触发的语义预设概括为“$p \to o\neg q$”（o 表示“一般应该”）、“$\neg\Diamond(p \wedge q)$”（◇表示“可能”）、“$\neg\Diamond(\neg p \wedge q)$”用思维的逻辑形式去刻画汉语预设规律，是最具概括力的，也是最科学的。一个不懂逻辑的人，他怎么可能想到构拟形式化呢？

撰写拙著《汉语预设研究》感触最深的就是上述几点，写出来旨在与大家共勉，丝毫没有启发别人、指导别人的意思；其不妥之处请读者见谅。

保持学术敏感性　边缘领域拓课题

管　华

学业求进，勤学好问为之道。为学之途，勤为根本；善问之径，敏乃为先。献身学术，善感敏察，实为一大优势。余投身学术近三十载，些微体会颇多，然保持学术敏感性，深感乃其中之要。赖此，利捕新题，善拓新域，受益匪浅。下述亲体身历，贻笑方家。

1990年初春，我前去北京大学拜访地理巨擘林超院士。求教之中，林老高屋建瓴地指出：地理学研究要善于发现学术研究的空白区。以往的地理研究眼光大多定在地理系统的核心部位，而对边缘地区关注不够。你们工作单位地处中原，正值我国山地和平原的过渡地带，值得很好研究。同时，林老还告诉我们，中科院生态研究中心研究员、中国生态学会理事长马世俊院士也很关注自然地理系统过渡区域问题。告别林超先生，我们前去拜会了马老。关于山地——平原过渡地带研究方面，林老给予我们巨大支持，并给出了很好的建议。返回学校，我们立即组织学术队伍和着手申报国家自然科学基金项目，获批立项研究。在之后的十余年间，我基本以此为主要研究方向，并获得我国山地——平原交界带自然地理边际效应领域的开创性成果，先后发表学术论文20余篇，由科学出版社、中国农业出版社出版专著两部，研究成果获河南省科学技术进步奖二等奖等多个奖项。该成果发表后，俄罗斯阿尔泰大学极为关注，并前来中国和我们联系，表示希望在该领域和我们开展联合研究。

1995年夏，我与中国科学院刘昌明院士、夏军研究员相会。两位先生是国际水文学会副主席、国际雨水集流系统协会副主席。在两位先生的建议下，在之后的数年里，我进行了雨水利用研究，重点开展了雨水集流系统优化设计计算模型研究，获得了创新性成果，发表了两篇论文，被定为中国雨水利用学会筹委会成员。

2003年初夏，我有幸在北京拜访了中国科学院副院长孙鸿烈院士。在与孙先生交谈之中，孙先生谈到，我国在世界上独一无二的自然地理单元，一是青藏高原，二是黄土高原。对此开展研究，必可获得世界前沿的成果。在我国，以特定地理区域命名的综合性学科已有不少，如藏学、徽学等，然以黄河、黄土高原、黄河流域文化为研究对象的综合性学科尚未建立，值得探讨。受孙老启迪，鄙人2004年先后发表两篇论文：《建立“黄河学”的构想》和《“黄河学”论纲》，倡导建立“黄河学”，受到学界广泛关注。2008年之后，教育部社科研究基地“河南大学黄河文明研究中心”连续两年组织召开“黄河学”高层论坛，来自中国科学院地理研究所、中国社科院历史研究所和考古研究所、黄河水利委员会、清华大学、北京大学、兰州大学、山东大学等单位的众多学者对建立“黄河学”的有关问题展开了研讨。2009年，中国地理学会成立了黄河分会，以促进“黄河学”的建立与发展步伐。

要保持学术敏感性，应注意以下几个方面：第一，时刻关注学术前沿，注意学术积累和学术成果的形成，奠定与学术界交流的基础。第二,珍惜与名家大师交流的机会,以获得前沿信息,得到学术指点。第三,应保持学术活跃性,多参加学术交流活动,与学界同行保持学术联系。缪见偏颇,仅供参考。

激发学习兴趣　注重教学艺术

彭长德

俗话说：兴趣是最好的老师。怎样能够让学生对教师所授的课程感兴趣呢？三十年的教学经验使我认识到：教师做好以下三个方面，对提高学生学习兴趣是非常有效的。

一、开讲的艺术

要想让学生学好一门课程，首先要让学生喜欢这门课程。绪论课是一门课程的开讲。就像一部电视剧的片头一样，片头会把全剧中最精彩的部分迅速地过一遍，虽然是支离破碎，但却绚丽多彩，它会一下子吸引住观众。绪论课上得好坏会直接影响到学生对这门课的学习热情。因此，教师必须精心组织上好绪论课。

为了上好“大学物理”绪论课，我查阅了大量的参考资料，尽可能把物理学最精彩最闪光的内容展示给学生。同时让学生知道，物理学上的每一次重大突破都对当时的社会产生巨大的推动力；从落后的手工业时代进入到机械化工业时代，是由于蒸汽机的出现；从机械化工业时代进入到电气化工业时代，是由于发电机和电动机的出现；我们现在进入了信息时代，是由于计算机的出现。从当今社会的各学科门类到各产业的高科技检测设备，这些无不与物理有关。两节绪论课上下来，学生的学习情绪高涨，许多学生问我怎样才能学好物理，问我一些他们认为属于物理内容的生活和科技问题，明显感觉多数学生已经喜欢上这门课了。

课程中的每一章、每一节、每一次课都需要有一个好的开讲。开讲以激发学生学习兴趣、引入新知识为目的，要精选素材，调动情绪，注重效果。

二、教学小品的艺术

在课程教学过程中，激发学生学习兴趣的源泉决不能枯竭。在平时的每一节课中都应当有激发学生学习兴趣的内容，我把这些内容称为教学小品，这些小品可以是科技史料、人物轶事、小实验、小故事、小幽默等多种形式，它应当是与教学有关的知识小品。适时地插入这些教学小品不仅能够激发学生的学习兴趣，而且还可以活跃课堂气氛，开阔学生的知识视野。

物理学是以实验为基础的自然科学，学生的认识活动是以感知为基础的。因此，做好课堂演示实验是我教学工作中的一项重要内容。我根据目前的实验条件，尽最大可能将能够做的实验都搬到课堂上去。除此以外，在课堂上根据教学内容尽可能地多举一些科技、生产、生活和自然现象的实例，加深学生对教学内容的理解，适时地将一些来源于生活中的小实验带到课堂中，在教学过程中采用灵活多变的教学方法。

我在讲到“刚体平面平行运动”这节内容时，在课前我带了一个直径 80 厘米的呼啦圈进入课堂，我在教室前面反复做向前滚动而自动返回游戏，一些学生也过来做。上课铃响了，开始上课，这时我又拿出呼啦圈继续做游戏，全班学生大笑，我说：“这里好像有一些物理问题没有搞清楚，呼啦圈为什么自己会回来呢?”学生开始议论，这节课就这样开始了。当大家基本搞清楚了物理机理后，我又拿出了一个乒乓球做小球前进自动返回试验，之后又拿出一个线团，通过适当地拉线，使得线团时而向前滚动，时而向后滚动，让学生进一步地思考并作定量的讨论。一节课在游戏和讨论中度过，既完成了教学计划，又活跃了课堂气氛，收到了较好的效果。

在物理教学中适当地再现前人的科学发现史，不仅对学生正确地理解物理概念、掌握物理思想有帮助，而且还可以得到物理学的研究方法。譬如，在讲到开普勒行星运动三定律及万有引力定律时，我给学生讲了开普勒如何同弟谷合作，又如何在体弱、贫困的境遇下，以他顽强的毅力和天才的想象力，用十六年的时间发现行星运动三定律的感人故事，以及牛顿如何根据这三定律得出万有引力定律的故事。我把教学内容完全融入故事之中，故事讲完了，教学目标也达到了。实践证明，学生对这类名人轶事和物理学发展史是非常感兴趣的，由此所涉及的教学内容学生很愿意深入思考。

三、教师基本功的艺术

要想提高教学质量，在课堂教学中不断地吸引学生，教师必须在教态、语言、板书和 PPT 上狠下功夫。讲课是门艺术，它同电影、小说、戏剧一样能够给人以美的享受。一堂好课，除了要有一个好的教案以外，还要有教师亲切自然的教态、优美动人的语言、美观大方的板书、生动直观的 PPT，这些都是影响教学成败的重要环节。教师的衣着、表情、眼神等都会对学生的情绪带来影响，教师本身就是一本活教材。教师在教学过程中要以平等的姿态、淡定的语气，循循善诱、潜移默化地讲课，使师生感情融为一体。教师要以自己的人格力量感染学生，使学生感到眼前的教师就是知识的化身。

板书是教学中的重要组成部分，它既是教师的基本功，也是一门独特的艺术。我总是对每一节课的板书内容反复推敲，做到标题醒目、条理分明、繁简适中、重点突出、布局合理、字迹清晰、美观大方。

教师一定要注重自己的语言表达，认真推敲教学内容的表述方法。在《读者》杂志中有这样一段话："心理学家发现，如果有人伸出手，你用针去刺一下，那人就会把手缩回去。如果你对学生讲了这件事，他们会哈哈大笑。但如果你将人说成事物，将针刺说成是刺激，将缩手说成是反应，学生非但不会笑，还会认真做笔记。"由此可见语言表达艺术的重要性。

要想提高教学效果，必须根据其内容适当地选择教学方法，特别是要充分地利用现代化的多媒体教学手段，对于一些抽象的难以理解的教学内容，用一些录像、动画或实验辅助教学，这不仅使教学内容更加生动活泼，而且还大大提高了教学效率。

总之，教学是门艺术，需要不断地探索和总结。

“对症下药”

冯照军

时值在江苏师范大学从教二十八周年之际，我再次受约撰写教学科研心得（记得上次约稿是 2005 年，主题是针对大学生），在深感培养青年教师之重要性而义不容辞的同时，可又不知道从哪儿写起和写些什么。像我这样说老不老、说小不小的中老年教师，可能也有一点“迷津”。冷静下来思考之后，决定以我觉得比较合适的方式（“对症下药”式），来和青年教师共同交流一下教学科研体会，不妥之处，切忌生搬硬套。

一、十说教学

编号	症状	自我对策	组织对策
1	拘束、腼腆	提高自信心	安排优秀教师指导
2	随意	增强责任心	组织听课，限期整改
3	应付	增强事业心	组织听课，限期整改
4	表情呆滞、动作刻板	提高艺术修养	安排优秀教师点拨
5	离不开教材/教案/屏幕	加强备课	安排必要的试讲
6	缺少互动	提高自信心	安排优秀教师点拨
7	内容乏味、缺少幽默	多收集有趣事例 多看曲艺类节目	安排优秀教师指导
8	语言平淡、口头语多	多听优质课	安排优秀教师指导
9	方言重	加强普通话训练	组织听课，限期整改
10	PPT 问题多 板书没有特色、字差	多参看好课件 琢磨板书、多练字	安排优秀教师点拨

在我看来，匆忙进出课堂、上课没有激情、即兴发挥过头、言论错误导向、课外没有交流、辅导答疑不尽心、着装打扮太随意、不主动经常听课、内心抵触被听课等等问题，都是应该尽量避免或杜绝的。另外，教学质量如何，可能暂时还只是个“软指标”，由此影响自身职称评定的情况几乎还没有看到。因此，要从整体上提高教学质量，还需要时间和配套的制度。

二、十说科研

编号	症状	自我对策	组织对策
1	根本不想搞科研	增强事业心	需要有制度约束
2	想搞些小科研，但启动难	提高自信心	安排专人引导/带领
3	想搞些大科研，但难度大	提高自信心	安排专人引导/带领
4	单枪匹马作战	积极参加团队	安排加入适合团队
5	写文章困难	多看论文	推荐他人介绍经验
6	外语有困难	多学外文	推荐他人介绍经验
7	申报课题困难	多做前期工作 多看相关资料	先参与别人课题组 再独立申报课题
8	课务过多，没时间搞科研	适当减少课务	适当帮助解决
9	社会性事务多，安不下心或定不下神来搞科研	适当减少社会性事务	适当帮助解决
10	只想着搞科研，不想上课	需要端正态度	需要有制度约束

在我看来，没有完整系统的科研工作或思路、不参加学术交流、应付式地搞点研究、“东一榔头西一棒子”式地搞科研、篡改或编造实验数据、一知半解地讨论问题、总指望别人写论文时带上自己的名字等等情况，都是应该杜绝的。另外，政策导向一味追求论文刊物的影响因子，促使一些老师“争取”尽量少上课，也应该引起重视，应尽早出台

两全的制度措施。

以上所谓“症状”，也只是一些“常见病”或“多发病”；至于“对策”，很有可能因人而异(即常说的“治百病，但不治百人”)。总之，各个人的情况不一样，有的是能力问题，有的是心理问题，有的是经验问题，但也有的是态度问题。所有问题都有“药”可治，关键在于你是否愿意接受“治疗”，和是否有人愿意为你“诊治”，或有组织实施强迫“医治”。

文章不在多长，点到为止；辞藻不在华丽，管用就行。

深入浅出　做好学生知心人

童启贞

我从小就对教师这一职业非常喜欢和崇敬，最直接的原因是我上小学四年级时语文老师兼班主任张老师，他讲课生动活泼，经常给我们讲革命故事，我们都很喜欢听，有时候达到迷恋的程度。长大后才了解他是一位以教师身份作掩护为党工作的地下党员。

初中毕业后，我考入中等师范学校学习，后又进入江苏师范学院学习。1956年毕业留在高校，从事马克思主义理论教育工作，实现了自己当教师的梦想。从学师范到从教50年退休后继续工作10年，至今，“爱我所爱，无怨无悔”。对于能终身从事师范教育工作，我感到由衷的欣慰与自豪。

这一生我讲授的主要课程是“马克思主义哲学”和“思想道德修养”。由于工作的需要，几十年中还讲授过“马克思主义原著”“中国革命史”“法律基础”“毛泽东思想概论”“邓小平理论”等九门课程。还给工厂、学校、机关等单位作过爱国主义、人生观、价值观、职业道德等数十场报告。

随着年龄的增长，知识的积累，实践经验的丰富，教学能力的提高，自己所授的课程，受到学生的欢迎。可见，大学生厌学政治课，问题并不完全出在社会背景和学生身上，只要教师科学地讲授，学生会欣然接受的。科学的马克思主义需要用科学的态度来讲授，这一点我深有体会。

首先，讲理论课，要学生理解、接受马克思主义观点，教师首先要理解、要坚信，只有这样，讲起课来才能理直气壮。其次，必须注意讲课的艺术。讲课时表情要丰富，生动形象，课堂气氛专注。学生普遍反映，听我的课是一种享受。97级城规李建波同学在信中写道："老师，您讲的课如此之好，对青年的启发如此之大，不知您是否想过就青年各方面的困惑，结合您的讲课，写一本书。如能这样，真乃青年之福气！"86级中文(2)姜新同学的信中写道："上您的课，好像是一种享受，您上的课是很实在的，故我们都很乐意听。"我体会到，理论课要讲好，必须做到深入浅出，通俗易懂，必须紧密联系实际，头脑中要有广泛而丰富的原材料，才能将马克思主义理论讲"活"。我十分感谢学校领导提供了我深入农村、工厂、学校调查研究的机会，使我有可能在教学中引用许多生动活泼、形象的例证。我常在上第一堂课时对学生讲，不怕你睡觉，就怕想睡而睡不着，我会唤醒你认真听课的。

再次，教师要想在学生中树立尊严与威望，让学生信服敬佩，必须处处为学生做出表率，做学生的知心朋友。这方面我一直在努力着。每次上课，总是提前5～10分钟到教室，只要黑板上有上节课留下的粉笔字，主动擦干净。当班主任时，亲自参加组织学生与云龙区环卫工人一起清扫公共厕所，我认为能扫公共厕所的人，过劳动关肯定没有问题了。在总结这次活动时，不少学生表示，这也是灵魂的洗礼。为了做到合理分配助学金，到一个徐州籍的学生家中三次家访，家长深受感动。上课时，发现学生缺席，我总要了解学生为什么缺席。物理系一个学生因经常头痛，睡不好觉，不请假就自己到东甸子精神病医院住院，一个星期后，经查不属精神病，医院让他出院了。了解这情况后，我多次与这学生交谈，经过心理疏导，这学生慢慢恢复了健康。专科班一个女生没有来上课，班长告诉我，她一直要洗衣服，我意识到这位学生有心理障碍，一面个别谈心，一面又介绍专科医生给她治疗。

在教学过程中，教师和学生的关系是相互依存的关系，教师要做学生的榜样，同样学生也能净化教师的心灵。学生身上表现出的优良品质同样感染着我自己。有一次，我看到化学系一个班长将地上一团纸随手拾起放进自己的裤袋里，当时我就十分感动，而且这个班有个好的班委会，所以学风特别好。数学系有位学生，家境贫寒，自知母亲的辛苦，从不在衣食上与条件好的同学比，在师院读书四年，我发现他的长裤接了三截，学习特别勤奋，成绩优良，毕业后考取了研究生。

思想工作要取得好的效果，最重要的是必须取得学生的信任。只有信任你，学生才能向你倾诉心中的“秘密”和“矛盾的焦点”，一把钥匙才能开启一把锁。同时，思想交流也是双向的，教师同样也要敞开心扉像朋友一样与学生沟通。我对进校时专业成绩较差的学生，总是分析主客观条件，鼓励学生不要自卑，只要勤奋，有毅力，一定能逐步跟上的。对家庭条件差的学生，我反复鼓励他们，一定要努力学习，将来改变家庭的面貌。学生反映说，老师的知心话，让他们受用终身。

总之，教师这个职业是崇高的职业，是春蚕吐丝默默奉献的职业。

当好一名教师，首先要热爱这个职业，只有热爱，才能为之奉献。其次，必须勤奋，有毅力，需要不断地学习，丰富教学内容，讲究教学艺术。人们常说：教师要给学生一碗水，自己要备一桶水。再次，教师要加强自我修养，以良好的思想品德去感染人，用美好的心灵去塑造学生的心灵，实现自己的人生价值。

比较、讨论与评价

王晓君

“行政法学”被法学专业的同学公认为法学十六门核心课程中最难学的课程之一，难在这一学科内容庞杂，涉及行政权、行政主体、行政行为、行政违法、行政责任、行政程序、行政救济、行政复议、行政诉讼、行政赔偿等核心范畴贯穿始终的行政实体法、行政程序法、行政救济法等领域；如此浩瀚的内容，繁复的层次却没有也很难有一部对应的统一的行政法典；学科的理论性和实践性很强，对于没有社会实践经验的法科学生来说学习难度很大。行政法学中存在着大量相近、相似、相关联的理论、范畴、概念，学生理解起来有困难，很难准确把握，如此一来还会影响记忆，难以实现对于法科学生博闻强记的要求。鉴于此，我在“行政法学”教学上较多运用了内容上比较、形式上辅以讨论的教学方法，收到了较好的教学效果。

具体的做法是在掌握课程计划和教学大纲，吃透教材，了解学生的基础上，将学生在学习过程中遇到的，相近相关容易混淆的概念和范畴等进行归类，对于枝节不多，辨析难度不大的部分，要求学生思考自行完成作业；反之，在课堂上指导同学进行比较。如行政许可与行政确认一组具体行政行为在有些情况下非常难以鉴别，在教学的过程中，分别讲清它们的含义、特征、种类并不难，但一遇到现实中的实例，运用前面学过的知识往往不能解释清楚。这时候，我会举出几个实例如毕业证、结婚证，请同学事先思考找出理论依据进行判断。大部分同学课后会查资料，并将他们获得的知识连同他们的分析体会一起带到下一次的课堂上，同学们会围绕主流观点阐述见解：行为对象不同，行为法律效果不同，行为的意思不同，行为性质不同，内容不同，方式不同，表现形式不同等。那么用以上区别来分析商标权和专利权的认定属于行政确认还是行政许可呢，在同学们掌握了基本区别的基础上，我会提出类似更难判断的实例，同学们觉得又有点模糊了。于是，我进一步引导学生分析以上区别中哪些是本质的区别，哪些是非本质的区别，同学们各抒己见展开讨论甚至争论，观点越来越集中地认为法律效果和内容的不同是行政许可与行政确认的本质区别；方式、表现形式等的不同是非本质的区别，依据这一判断再回过头来看专利权和商标权的认定，同学们就不难得出正确的结论了。这种理论上的界分，最终让同学们领悟到行政许可的真谛在于对禁止的解除，这也是这一区分的意义所在。

最后，我再对讨论做出归纳与评价。在评价中充分鼓励学生，让学生感受到主动参与学习的乐趣。通过归纳和总结，使讨论的主题得到深化，更使学生对知识的认识得到升华，同时指出需要进一步思考的问题。这一方法不但有效地提高了学生的认识水平，开拓了思维的空间，而且有效地提高了学生分析问题、解决问题和创新思维的能力。

这样的比较、辨析还适用于行政法学中其他具体行政行为的比较，如行政征收与行政征用、行政强制与行政处罚、行政强制执行与行政强制措施、行政确认与行政给付；行政职权的比较，如行政授权与行政委托；行政行为分类的比较，如具体行政行为与抽象行政行为；行政救济制度的比较，如行政复议与行政诉讼；行政法律原则的比较，如信赖保护原则与比例原则；行政程序等的比较等。

在精心设计的比较和讨论中，教师能动地认识教材、理解教材，把教学内容改造成易于教授，适合学生接受的形式，带领学生层层递进，步步深入，最终揭示真理。教师认识和把握学生的心理特征和发展变化，善于设疑、激疑，善于在教学中使学生“于不疑处生疑”，鼓励学生敢于见疑、争疑，学生始终处于“问题——思考——探索——解答”的积极状态。这较好地调动了学生学习的积极性和参与热情，得到了学生很好的心理认同和共鸣。师生双方共同切磋，拨动学生心弦，点燃好奇之火，开启思维的大门。孔子曰：“知之者，不如好之者；好之者，不如乐之者。”学习中的浓厚兴趣，将会反射在心理上表现为对该学科抱有偏爱，以至在行动上执着地追求，进而在思维上也表现出某种快捷、感悟，使同学们不但知之，而且好之，甚至乐之。

谈教学的“三多”“三少”

刘　玲

时光荏苒，寒往暑来，不知不觉中，我在高校已度过了26载的职业生涯。26年来，我始终遵循“师德为先、教学为要、科研为基”的高校教师要求，对这三方面也皆有体悟，本文仅选取教学“要务”作一感发。

我毕业于师范大学，所教的学生又基本上是师范生，所以，不断地总结教学方法和经验不仅是提升自身教学水平的需要，还是培养学生教学技能的分内职责。在大力倡导创新思维培养的当下，做到“三多”“三少”是我感悟的心得之一。

一、多授之“渔”，少予之“鱼”

常言道：“授之以‘鱼’，不如授之以‘渔’。”如今，时代风云变幻频繁，科学知识日新月异，需应对的问题和接受的信息时刻处于变动当中；再加上大学教育的日益社会化和大众化，专业知识的获取已不再是唯一来源，也不再是大学教育的根本，学生在思想、能力、个性等方面的发展已成为新世纪教育的追求，教会学生学习显得尤为重要。我的专业是历史学，与社会科学和自然科学的讲授要求不同，给予学生的不单单是专业知识，更要启发学生的思维，通过启发和开导，促使学生生成新的理念、观点、看法。我的做法是：（一）重学法指导和理念传输，陈述性知识（是什么）和程序性知识（为什么）并重，帮助学生养成独立思考的学习习惯，善于从不同角度发现问题，积极探索解决问题的方法，提高思辨能力，增强创新意识。（二）少下定论。很多历史问题，对其认知或随时代变化而改变，或仁者见仁、智者见智，不宜断下定论。很多问题其实是没有答案的，如果硬是要给予答案，那答案就是问题本身。规定性的答案和结论性的总结有时会严重制约学生的思维和认知。所以，我在更多的时候是引导学生，让学生各抒己见，通过不同观点的碰撞、交锋和适时点拨，促使学生加深对历史问题的认识，做出自己合理或自圆其说的解释。

二、多行“反思”，少循“常式”

根据现代教学理论，无论是“优秀教师＝教学过程＋反思”公式还是“教师成长＝经验＋反思”结论，都强调了“反思”对一个教师来说的重要性。教师是个“活到老，学到老”的职业，教师的优秀与否是个动态的过程。一方面，由于社会发展的不断演进，知识的不断更新，新的教学方法的不断采用，教学环境的不断变化，教学对象的不断更替等方面的变迁和不确定，教学的效果也会有所不同，即使是每堂课的教学结果也会不同，鉴于此，需要教师多作反思。另一方面，教师反思的益处多多。比如：通过反思，及时发现课堂教学中出现的问题，及时纠正，以免再犯；通过反思，不断创新，超越常规教学中对课程内容的机械复制。除此之外，对于大学教师而言，对社会现实与学生需求要不断反思，在反思中发现急需解决的问题。在大学教育由“精英”教育转向“大众”教育的当今，原来以学术性为核心的讲授在今天毕业生面临巨大的生存压力之下是否依然合适？是从让学生“看什么”的角度来组织教学内容，还是要从学生“想什么”的角度来组织教学？诸如此类的问题值得我们深思。课堂教学再精彩、再有深度，如果学生所学与社会需求脱节，就会因无法“适销对路”而意义尽失。因为学生并不单单为学知识而来，更重要的是为全面发展和实现梦想而来。“如何就业”是他们最现实的考虑！我经思考后发现，大学毕业生方向选择通常有三：一是毕业后做教师（因我校的历史教育是师范教育）；二是报考研究生；三是应考公务员。因此，我以三个需求为中心在教学内容上进行了这样的调整：关注中学教学动向和中学新课改，努力实现与中学教学内容的对接；关注每年研究生考试试题，调整教学重点，掌握考研动向，给学生适时指导；在教学内容上融入现实热点问题，理论联系实际，以期给准备考公务员的同学有所帮助。

三、多创“新意”，少有“匠气”

教师是一种对专业知识水平和讲课技能都有要求的职业。作为一位久立讲台的老教师，随着教学的日积月累，对讲课的程式、内容的逐渐熟悉，讲课“路数”也渐渐定形，熟练有余、新意不足成为常态，这种“匠气”最容易成为优秀教师的“致命伤”。因为教师需要的是“传道、授业、解惑”，技能不能代替学识。跟得上时代的步伐，不断地更新知识、创新方法则更为重要。尤其是大学教育，面对的是一群思维活跃、精力充沛并有独特见解和自立意识的大学生，要与学生产生心理“共鸣”，让学生接收到更多信息和动力，就需要不断创新。为了规避“匠气”滋生，我采取的具体做法是：（一）多上新课。通过不断地讲授内容不同和层次不同的新课，来打破固化了的内容结构和教学形式。不论是必修课还是选修课，不论是本科生还是硕士生课程，我把每次接受新课都看成一次锻炼、充实自己的机会。课程间的触类旁通，会让我的教学内容和学生的学习视野得到丰富和扩展。（二）多读。涉猎大量专业和非专业知识，开卷有益，有时非专业知识会对专业有所启迪。细读精读专业的史学美文经典，博采众长，充实、更新自己的知识库。（三）常学。不断学习、模仿别人的知识和经验，始终怀有“三人行，必有我师”的心态，把别人好的地方记下来，模仿多了，即内化为自己的东西。（四）常更新。教案是课堂教学的基础材料，要使所上课程常讲常新，需要经常更新课件，及时将学术界研究的新动态、新成果、新见解补充进去。

严谨治学　诗意栖居

黄晓学

我的治学经验可概括为四个重要:兴趣很重要、思考很重要、见识很重要、心态很重要。

一、兴趣很重要

兴趣是最好的老师。这就是说一个人一旦对某事物有了浓厚的兴趣,就会主动去求知、去探索、去实践,并在求知、探索、实践中产生愉快。兴趣可以引导求知的欲望和探索未知的好奇,因此兴趣在驱动治学的三种动机:求知、提高社会地位和得到权威认可中居于核心地位。我在教学与科研中,始终对所从事的工作充满浓厚的兴趣,一旦静下心来专注于所思考的事情,可以忘却疲劳,不仅最终能找到满意的答案,还会自我强化探索的兴致。在探索未知的过程中可能会遇到阻力甚至障碍,所以在兴趣的基础上需要有意志的介入,防止半途而废。加上意志的参与,兴趣转变为志趣,可以使人精力持久。在探索未知的过程中体验到发现的快乐和成功的喜悦,志趣升华为乐趣,便可以使人精神充实。在治学的道路上如果具备了上述三趣,则治学必有所成。

二、思考很重要

无论是个人求学还是指导别人,思考都是重要的。学会思考和教会学生思考是治学和教学的重要目标。如何学会思考和教会学生思考，个人体会是在思考中学会思考和教会学生思考。比如对于数学概念的学习和教学，可以沿着“是什么，怎么表示，有何性质”的思路教学。学习和教会思考离不开思维和解题，一方面，学习思维要学会观察比较、抽象概括和分析综合，并学以致用；另一方面，学习解题要学会通过特例分析和直观理解问题，把握解决问题的原始思想，以简驭繁，洞察实质。如何教会学生思考呢？一方面，在备课中，研读教材要从薄到厚，再从厚到薄，重视“特例分析”，具有“不怕计算”和“乐于计算”的习惯，乐于从计算中发现规律和提炼一般性公式。另一方面，在预设教学过程中尽量把材料化繁为简，化难为易，设法帮助学生从直观上感知数学、理解数学、看出结论，把数学定理及其证明的“原始思想”揭示出来并用学生易于理解的方式传授给学生。再次，在实施教学过程中，追求简单自然的认知线路，用基本的观点围绕重要的问题展开教学过程。最后，通过反思进一步提炼课题引入的理由、新知探求的线索和反馈评定的效应。比如，均值不等式和两角和的正弦公式的几何直观与洞察等，都体现了深入思考和创意探究的教学价值。

此外，我在教学与科研中非常看重深入浅出。深是内容上的思想深度，浅是形式上的浅显易懂。用浅显易懂的形式表达具有思想深度的内容，这是数学美也是教学美的体现。课堂教学中的数学美具有四个层次：美观、美好、美妙、完美。数学追求简单性，简单性意味着规律性、协调性和形式上的统一性，这些都是符合人的美感要求的。美学专家们曾指出“简单性乃是美的标志”。法国数学家阿达玛发展了庞卡莱的“数学发明心理学”，已阐明了美的意识与人脑创造性思维活动的深刻联系。由此看来,追求简单性的意愿还有利于激发创造发明的心智能力。比如"微积分基本定理——牛顿、莱布尼兹公式"之原理的简单性、表述的简明性和应用上的可操作性,只有通过深入浅出的特例分析,才能真正理解该定理的来源和实质。数学上许多抽象形式的普遍命题往往是通过诸特例的共性分析再由概括论证建立起来的。因此,在教学中我特别看重深入浅出的"特例分析"和"直观地理解数学"的重要性,要把数学定理及其证明的"原始思想"告知学生。虽然不见得每堂课都能做到这一点,但总是殷切地期望学生们能从直观上领悟数学命题的来龙去脉,感悟数学的美妙,也有助于培养人的创造发明才能。

三、见识很重要

见识是分析鉴别知识经融会贯通而获致个人见解的能力,包括洞察力、判断力、鉴赏力、观察力和自制力等,它是指引方向的本领和智慧。一个人如果"有识,则不徇人,不矜己,不受古欺,不为系囿"(袁枚)。影响一个人对一门学科见识的因素主要有:幼年和青年初次接触到这个学科时所学到的知识、开始接触到这个学科时所接触的方向及思考方法、个人阅历和所受的训练以及广泛的阅读。为了获得高远的见识,读几本"看家"的书是必要的。在数学教育领域,我所读过的"看家书"主要有波利亚的《数学的发现》《数学与猜想》《怎样解题》,柯朗的《什么是数学》,米山国藏的《数学的精神思想和方法》等,此外,与教育有关的"看家书"主要有杜威的《思维与教学》,我国国学《礼记》中的《学记》,皮亚杰的《发生认识论原理》,布鲁纳的《教育过程》,奥苏伯尔的《教育心理学:一种认知的观点》,孙正聿的《哲学修养十五讲》等。

上述这些书所蕴含的思想让我终身受益，指导我在实际教学中按照所领会的精神去做事。比如，课题引入应从一个有趣而有用的问题谈起，问题最易维持和促进学生的学习，这是许多数学教育家的共识。我利用研读经典所获得的发生论观点，探索出教学过程的设计，提出了“从惑到识”教学设计原理，运用所提原理设计自身教学的同时，指导本科生和青年教师进行教学创新。

四、心态很重要

淡泊名利，诗意栖居，幸福就在身边。我非常同意人们对人生三境界的总结：看山是山，看水是水；看山不是山，看水不是水；看山还是山，看水还是水。我无论在教学、科研还是其他工作中总是以这三种心态对待所从事的事情。面对工作中的痛苦和矛盾，总有退一步海阔天空的心态，不去争一时之快。虽有劳绩但仍要诗意栖居，这是我的座右铭。王国维的治学三境界——立志、奋斗、成功和孔子的治学三境界——善待收获、善待批评、善待不解也给我以心态支撑。此外，我还有将科研心得带进课堂的心态，总想以最新成果指导学生和青年，总想把近期思考和所看的经典见解以学生可以理解的方式呈现给学生。我非常赞同许宝禄先生的见解：“教出状元来的老师是值得尊敬的，至于做状元的学生那就没有什么了。”许宝禄关于发表论文也有其独到见解：“我不希望自己的文章因登在有名的杂志上而出名，倒是希望杂志因为登了我的文章而使杂志出名。”他还说：“一篇论文不能因为获得发表就有了价值，其真正价值要看发表后被引用的状况来评价。”

一切为了学生

邢邦圣

我从事教育工作20多年，先后讲授了“画法几何及机械制图”“计算机绘图”“机械设计”“机械制造工艺学”“CAD/CAM基础”“计算机图形学”“学习与创新”等课程。在教学中，理论联系实际，加强学生的工程实践能力培养，注重学生的素质教育和创新能力培养，教学效果好，深受师生好评。我先后荣获校“师德模范”“首届优秀教学奖”“首届青年教师教学双十佳奖”“首届优秀教学团队带头人”“首届教学名师”，徐州市“优秀青年教师”“优秀教育工作者”和“师德模范”，江苏省“青蓝工程”中青年学术带头人和优秀青年骨干教师等30多项荣誉。

一、敬业爱岗，为人师表

教师是“人类灵魂的工程师”，这是对教师职业的崇高赞誉，也是对教师既教书又育人的深切期望。教师的职责不仅是传授专业知识，还应该通过自己的言传身教来培养学生的社会责任感、高雅的审美情趣、健康的生活方式及不断创新的精神，教师的言传身教对学生的世界观、人生观和价值观的形成起着潜移默化的作用。多年来，我是这么认识的，也是这么去做的。我严格按照学校教学管理规范去做，钻研大纲，吃透教材，认真编写教案讲稿，努力上好每一节课。课余时间深入学生的班级，耐心辅导答疑，及时批改学生作业并认真讲评。在与学生思想交流时，结合自己的切身体验，贴近学生实际，平等对待，主动关心爱护学生。平时主动关心爱护学生，对学习成绩差的同学，我不仅主动给学生补课，而且安排班上学习成绩好的学生，开展“一对一”帮教活动。我还经常结合自己讲授课程的教学内容，做好育人工作。例如，在讲授机械制图尺寸标注要正确、完整、清晰，图纸作业要规范等内容时，要求学生标注尺寸时来不得半点马虎，因为一个尺寸的差错，会带来一个产品的报废。教育学生要养成严肃认真的工作态度和一丝不苟的工作作风。

二、改革创新，勇于开拓

教学改革是提高教学质量的动力源泉，没有改革，就无法创新。我在担任“画法几何及机械制图”课程教学时，进行了“学为主体、教为主导、精讲多练、培养能力”的教学改革。教学内容上，从对人才的宽口径、厚基础、高素质和创新能力强的要求出发，精选和引入学科新内容，注重创新，将课程教学内容整体优化。将计算机绘图内容与机械制图融为一体，改变过去传统的计算机绘图独立讲授，新体系教学将从以仪器绘图为主，进展到徒手绘图、仪器绘图和计算机绘图，并突出计算机绘图的新教学模式，这样有利于培养学生的创新能力；在教学方法上，灵活采用讨论式、启发式、探究式、讲练结合式和目标教学等先进教学方法，使学生的学习方式由被动接受学习向主动发现学习转变，培养了学生的自主学习意识和自学能力，提高了学生独立分析问题、解决问题的能力；在教学手段上，充分运用现代教育技术进行教学，使教学内容直观、具体、生动形象。建立了课程教学网站，将课程教学大纲、多媒体课件、课后作业、教学参考书等内容放在网站上，方便了学生做好预习工作，在课堂上能够更好地领悟老师的教学意图，吸收知识，调动了学生的学习兴趣，提高了教学质量；在教学过程中，注重学生动手能力的培养，强化实践教学，努力提高学生的工程实践能力。我主持建设的“画法几何及机械制图”课程在2002年被评为江苏省一类优秀课程、2004年被评为国家精品课程。

三、与时俱进，不断学习

在科学技术快速发展的现代社会，新理论、新知识、新技术不断涌现，所以，要与时俱进、不断学习，才能胜任教学工作。20多年来，我坚持做到了这一点，先是主讲“机械制图”，我坚持一边教学，一边继续学习深造，现在讲授的课程包括了“画法几何及机械制图”“计算机绘图”“机械设计”“机械制造工艺学”“CAD/CAM基础”“计算机图形学”“学习与创新”等课程。我主编的《机械制图与计算机绘图》教材，先后荣获国家“十一五”规划教材、江苏省高校精品教材和江苏省高等教育教学成果二等奖。回顾过去，我深深体会到作为教师要不断充实自己，长期积累，才能站在科学知识的前沿，才有底气讲好每一节课。

四、潜心科研，促进教学

作为高校教师，仅仅认真教书，开展教学改革显然是不够的。科学研究能力的强弱也是衡量一个老师是否优秀的很重要的标准。要给以学生新知识、新方法和新观点，要培养学生的创新精神和创造能力，要提高教学水平。“修以求其粹美，养以期其充足，修犹切磋琢磨，养犹涵育熏陶也。”因此，我在做好教书育人工作的同时，积极开展科学研究，并取得显著成绩。近几年主持完成科研项目16项，其中国家级子课题1项、省级课题11项；发表论文60余篇，出版专著2部；主持建设的机械设计制造及其自动化专业获省级特色专业，主持建设的机械基础实验中心获省级实验教学示范中心。通过科研丰富了教学内容，使我的业务水平大大提高，在教学工作中更是得心应手。所以，我认为教学需要科研，科研促进教学，产学研相结合才是一个很好的方式。

高山有巅，登攀无境，教海无涯，丹心永驻。我正满怀激情，用自己的赤胆忠心和成熟睿智为实现“一切为了学生”的愿望而努力奋斗！

授之以法

——工科教学的导语艺术

郭永环

20多年来，我教了10余门工科专业的课程，随着课程的不断更新，我设置的教学导语也不断更新。虽然，这花去了很多业余时间，但是当我看到学生们渴望继续往下听的眼神时，所有的累都烟消云散了……本文主要介绍我常用的几种教学导引的形式。

1. 质疑式导语

质疑，就是疑问，是一切创造思维的起点。比如，我在讲定位原理时针对书上的一个具体定位实例是这样引入新课的：目前在学术界有两种观点，一种观点认为此销（定位实例上的销）是起定位作用的，并限制了工件在该方向的自由度；一种认为此销不起定位作用，仅仅是为了承受该方向的切削力而设定的。究竟哪一种观点是正确的呢？相信大家学完定位原理后会自见分晓。再比如我在讲机床基础知识时讲到机床是用来制造机器的机器，所以也称为工作“母机”。既然如此，机床和机器之间就好比“鸡”和“蛋”间的关系，那么第一台机床是如何产生的呢？通过质疑，使学生的思维处于激发状态，就像一粒石子在学生的脑海中激起千层浪，从而诱发学生与教师同步思考，达到学生与教师的思维共鸣。

2. 诗歌式导语

如何做到课堂既生动活泼，又能引人入胜，采用诗歌式导语能够收到这样的效果。如“铁碳相图”是工程材料这门课的重点和难点内容，历届学生都认为此部分内容难学又难记，因此在教学时，我结合铁碳相图编了这样一首诗歌：

陡峭光滑两山间，
高低不同水平面，
落水瀑布紧相连，
跃起凌空双飞燕。

让同学想象一下这是一幅怎样的画面，进而引出铁碳相图，并针对铁碳相图向同学讲解这幅画面。

3. 发散式思维导语

发散思维，是以某个问题为中心点，从这里出发，寻觅多种方法，向四面八方展开，既不受一定的方向和范围的限制，也不受任何条件的约束，在广阔的领域里探索问题新答案的一种开放性的思维活动。例如在讲授本科学生“金工实习”中的“钳工实习”时我就采用发散式思维的思想，是这样导入实践教学课的：请同学们看，这是一张事先设计好的锤头工件图纸，请同学们根据这张图纸，充分发挥自己的想象，设计并加工出自己设计的零件……结果同学们设计出20余种锤头工件。

4. 逆向思维式导语

逆向思维能突破传统思维习惯的约束，是用挑剔的眼光，多问几个为什么，甚至把问题加以颠倒，反向探求，换位思考，可能会出现一个新天地。如在讲“蜕化”原则时,我首先采用传统的导语:常言说,“人巧不如家什妙”,“工欲善其事,必先利其器”,所以机床(母机)的精度总要比被加工零件的精度高。接下来我又采用逆向思维式导语:以上说的是传统的机械加工,但是对于精密加工和超精密加工,由于被加工零件的精度要求很高,再要求母机的精度比被加工零件的精度高则成为不可能。能否利用精度低于工件精度要求的机床和设备,借助于工艺手段和特殊工具,直接加工出精度高于母机的工件呢?通过下面的学习,我们不难发现这一“进化”加工是可以实现的……

5. 直觉思维式导语

直觉是直接领悟的思维活动,或者说,是通过对事物的直感,对其做出猜测、设想或顿悟的思维活动。我往往在备课中已经设计好了导语,可到了课堂上,马上顿悟出一种新的导语,而且比备课时设计的要好,因此,每当这时我都大胆地采用,并及时将这种顿悟记在授课感想中。例如在讲确定刀具角度的几个辅助平面时忽然想到用教室内同学们比较熟悉的墙壁做比喻,因此我说:“确定刀具角度的几个辅助平面就是我们教室内的几面墙,前面墙就相当于主剖面,侧面墙就相当于切削平面,水平的地面就相当于基面,这三面墙在空中无论怎样旋转都是垂直相交的,同理,确定刀具角度的几个辅助平面无论在空中怎样旋转也都是垂直相交的。”课后,我告诉同学当你顿悟出某个道理时一定要把它记下来,然后及时地分析这个道理的正确性,如果你真的坚持这样做了,那么,你会收到意想不到的良好结果。

6. 引证式导语

引证式导语是通过引入一些具体例证来激发学生学习的积极性。

如在讲授CAPP专家系统的目的时我是这样引入新课的:目前在进行设计时,工艺人员不但要分析和处理与产品及零件本身有关的各种信息,还要分析和处理与具体企业生产条件及技术条件有关的技术信息,所以要做好这项工作,必须是在制造方法和工艺方面有渊博知识和丰富经验的工艺师,才能全面而周密地对这些信息加以分析和处理,做出合适的选择和决定。据美国的资料分析,一个称职的工艺工程师应是40岁以上并在机械加工车间工作20年以上、有大量经验的工程师。另有资料记载,英国的工艺工程师平均年龄为55岁。这就使人们想到,能否让实践经验较少的工艺人员设计出较好的工艺规程。这样不仅可以弥补有经验的高级工艺师的不足,而且能使大量有经验的工艺师从目前繁重的重复劳动中解脱出来。CAPP专家系统就是一种……进而引出要讲的内容。

另外还有活化式导语、认知式导语、教育式导语不再详述。陶行知先生说:“我以为好的先生不是教学,不是教学生,乃是教学生学”。好的开端等于成功的一半,一堂课如能有好的教学导语,会“教学生学”,以至于达到“不须教”,将收到事半功倍的效果。

精心备课　常备常新

李顺才

从教20年来，我一直为工科学生讲授“理论力学”“材料力学”“弹塑性力学”“机械动力学”等力学课程。力学课为工科学生的专业基础课，其理论性及应用性都很强，教与学两方面的难度系数大。为提高教学效果，我采取了多方面的措施。体会最深的一点就是要“精心备课，常备常新”，主要体现在以下几个方面：

一、备教学方法，多听同行名师的讲课

针对不同的教学内容，特别是重点、难点内容宜采用不同的教学方法，教学方法贵在灵活运用。多听多思考，方能灵活运用。有道是：他山之石，可以攻玉。我喜欢有目的地去听力学老前辈或一些名师的课。比如，刚走上教学岗位时，在贾汪的徐州工业学校，我曾完整地听过我们教研室王济民老师的力学课，王老师的讲课当时在全国中专校里是相当有名的，他讲课浅显易懂、条理清晰、说话幽默，粉笔字非常隽秀。此外，我还多次听过讲课非常严谨的陈继刚老师的课，跟着他练过徒手一笔画圆等等。后来于2000～2006年在中国矿业大学读硕士、博士期间，除完成规定的学分外，我又完整地听了力学类本科生的几门课程，如严圣平老师的“材料力学”课、殷祥超老师的“振动力学”及“实验力学”课、刘卫群老师的“结构力学”课，这些老师都是江苏省乃至全国的力学教学名师。此外，我还多次参加中国力学课程报告论坛，聆听过多位国家级名师的讲课，包括清华大学的范清珊教授、北京大学的武际可教授等等。可以说，我在教学或科研上取得的一些成绩都受益于这些老师的讲课。我也建议研究生们能多去听听所读高校及研究所里本专业的一些名师开设的本科生课程，这对日后从事专业教学及科研工作都很有帮助。

二、备教学内容，课件常备常新

在教学内容的选取上，除了教材内容外，我在以下方面进行了补充：

1. 讲每门课的绪论时，补充本课程的学科发展史。

近年来，我先后几次参加力学史的研讨会，收集了多门力学课程的发展史资料，已先后将所得资料扩展到教学内容中，介绍了在力学学科发展的历史长河中一些著名学者及科学家的重要贡献，学生们表现了较大的学习兴趣。

2. 根据反馈的教学信息及时修改课件。

批改作业时，若发现哪个题错得较多，我往往当天就把该题及图形输到课件里，重点画了受力图，提示该列哪种平衡方程等，在下次上课前把 PPT 放给学生看，这样效果很好。

3. 精心准备教学素材，丰富课件内容。

一些知识点若只按教材上的内容讲解，有时不够生动形象，学生难以理解。所以，平时在参加学术会议或出去旅游或上网时，我非常留意这些内容的生活图片、工程实例或动画等资料的收集。现在我每章都有从各种渠道搜集到的动画、图片、实物或工程案例，让我在讲授这些内容时信心倍增。具体来说，可以从以下几方面丰富教学内容：

(1) 证明某个公式或定理时，补充该知识点的相关人物或简要历史。比如，在证明“梁纯弯曲时中性轴过横截面的形心”时，向学生表明这个现在看似很简单的知识点，在材料力学发展的历史过程中，从17世纪到19世纪上半叶这个证明却是让多少学者伤透脑筋的事，并出现过一些错误的结论。如比克门、伽利略、胡克、马略特、莱布尼兹、伐里农、伯努利、库仑等研究梁纯弯曲时都给出过错误的结论或部分正确的结论，一直到1826年纳维叶应用静力学的三个平衡方程，才得出正确的结论，这也是现在我们教材里用到的证明方法。简单几句话，既能激发学生的学习兴趣、活跃课堂气氛，还能扩展理工科学生的人文知识面。

(2) 讲解由某人提出的定理时，可补充该人物的生平、主要成就及该定理产生的历史背景等。比如，讲伯努利定律时，顺便提及伯努利父子仨都是很有成就的数学家及力学家，他们在流体力学、微分方程、概率论、电子学、解剖学等方面的主要贡献。对他们的成就之高，学生定会产生由衷的敬佩。

(3) 补充工程实例。补充工程实例，特别是灾难性的工程案例，这对培养学生的科学态度大有裨益。

4. 根据多媒体教室的使用效果及时修改课件。

有时在自己电脑上设计好的课件，在多媒体教室使用时有些颜色的效果不理想。比如，当投影仪设备老化时，一些红色的线条或字体常看不见，需要在课间及课后及时修改调整。

此外，工科老师在课堂上推导公式及画受力图、列平衡方程时，课件做得要细致，鼠标点击一次出来一步演算，就如同用粉笔在黑板上演示一样。

由此可见，教学要做到“常备常新”，要求我们老师平时一定要做个有心人。

脑子里多装几个问题

周苇风

做学问不免会感到寂寞，有机会能和人聊聊做学问的事情，至少对于我来说是件让人高兴的事情。收到“老教师谈治学”的约稿函，我很乐意和大家谈谈自己的治学心得。

就我个人的体会而言，做学问应该脑子里多装几个问题。我们平常读书，肯定会遇到许多不解的地方。将遇到的问题解决了，就是一篇学术论文。当然，并非遇到的任何问题都可以写成论文，因为这个问题可能别人早就解决了，只是自己孤陋寡闻而已。我们称这种学术问题为伪问题。当然，伪问题也是相对的，在别人看来是个伪问题，换一个角度或思维，未必不可以成为真问题。比如《论语·述而》中“子在齐闻《韶》，三月不知肉味，曰：‘不图为乐之至于斯也’”一句，所有的注解都讲孔子被美妙的《韶》乐所陶醉，以至于三个月内吃肉都辨不出肉味。换个角度想想，“三月不知肉味”明明是在讲三个月没有吃过肉嘛！现在形容生活清贫我们还用“三月不知肉味”这句话。《韶》乐相传为舜之遗音，孔子对其推崇备至，曾称其“尽善尽美”。《韶》乐屡见于文献，未有闻之辍食者。各种注本上说孔子由于过于专注《韶》乐，以至于“不知肉味”，不合常理。据《史记·孔子世家》记载，孔子三十五岁时，鲁国发生动乱，孔子为避乱去到齐国，在一个权贵家做家臣。

其间,“与齐太师语乐,闻《韶》音,学之,三月不知肉味,齐人称之。”孔子避乱齐国,闻《韶》前后,生活窘迫,但他并不以此为苦,在听到令人陶醉的《韶》乐时,仍不禁赞叹:“《韶》乐竟然让人感到如此快乐。”孔子强调“君子固穷”(《论语·卫灵公》),曾经说:“君子食无求饱,居无求安,敏于事而慎于言,就有道而正焉,可谓好学也已。”(《论语·学而》)孔子在齐,生活虽然困顿,但他仍然保持着勤奋好学的习惯。孔子以实际行动践行着“君子固穷”和“学而不厌”的高尚品格,所以“齐人称之”。“三月不知肉味”长期以来被视作孔子音乐美学思想的重要内容,并不断被附加和生发出各种新的音乐审美意义,但这种认识在其出发点上就已经开始背离文本的原意了。可见,换个角度思考,某些定论是很值得怀疑的。

有些问题短时间内是解决不了的,不妨先放一放,或许某一天偶然的机缘会让你茅塞顿开。举一个自己遇到的例子。读清人夏敬渠《野叟曝言》,第二十一回写主人公文素臣与人喝酒,“坐下对酌,说些新闻,讲些时政,这十斤酒不知不觉都饮尽了。正是:‘他乡遇故传佳信,久旱逢霖中圣人。’”什么是中圣人?从文意推知大约是醉酒的意思。查一下资料,知“中圣人”一词源于《三国志·魏书·徐邈传》:“魏国初建,(邈)为尚书郎。时科禁酒,而邈私饮至于沈醉。校事赵达问以曹事,邈曰:‘中圣人。’达白之太祖,太祖甚怒。度辽将军鲜于辅进曰:‘平日醉客谓酒清者为圣人,浊者为贤人,邈性修慎,偶醉言耳。’竟坐得免刑。”三国魏初建时,曹操严令禁酒,人们只好私下偷着饮酒,但讳言酒字,就用“贤人”作为“浊酒”的隐语,用“圣人”作为“清酒”的隐语。曹操禁酒期间人们为什么用“贤人”作为“浊酒”的隐语,用“圣人”

作为“清酒”的隐语？这一问题困扰了我许多年。后读《论语·乡党》“沽酒市脯，不食”一句，见《汉书·食货志》这样解释：“《论语》孔子当周衰乱，酒酤在民，薄恶不诚，是以疑而弗食。”孔子“薄恶之酒”不食，那么他饮用的是什么酒呢？浊酒不滤酒滓，清酒不但滤滓，还要重酿几次。相比较而言，浊酒自然属于“薄恶之酒”。孔子“薄恶之酒”不食，可见他所饮的酒当为清酒。偶读孔融《难曹公表制酒禁书》，见其中有“孔非百觚，无以堪上圣”和“屈原不哺糟啜醴，取困于楚”两句，如醍醐灌顶，豁然开朗。“屈原不哺糟啜醴，取困于楚”见于屈原作品《渔父》。孔子守礼，薄恶之酒不食。渔父通达，糟醨之酒不避。孔子饮清酒，渔父饮浊酒，可不就是“清圣浊贤”么？孔融《难曹公表制酒禁书》在当时流播甚广，影响甚大。“孔非百觚，无以堪上圣”和“屈原不哺糟啜醴，取困于楚”为好酒之徒提供了酣饮最佳借口，最易深入人心。曹操禁酒期间，好酒之徒不敢公开饮酒，只好“窃饮”，不便公开言酒，便借用人人会意的“圣人”“贤人”指代清酒和浊酒。文章千古事，得失寸心知。只有在内心说服了自己，问题才算是真正解决了。做学问应该有这种求真的精神。最近写成的这篇对魏晋时期一个廋语“清圣浊贤”的考辨既有偶然性，也有必然性。在脑子里装了这个问题，在研究别的问题时顺便就解决了。文章本天成，妙手偶得之。文学创作是这样，做学问有时也如此。

当然，这样写文章还不算是治学的大道。治学的大道在于长期坚持在自己的学术园地辛勤耕耘，这样才能写出有分量的在学术界有影响的长篇大论，为申报和完成各类级别的项目课题积累前期成果。不过，开卷有益，脑子里经常装些不是问题的问题，偶尔写些启迪思智的小文章，不也是让人愉快的事情吗？

看长看远，做个有思想的人

张生珍

大学承担着厚重的历史责任，要培养“国之栋梁，民之表率”，引领时代向前，也需要和当下的一些潮流保持适当距离，正所谓大学需要担当，也需要慎独，需要时刻保留独立的思想和灵魂。

大学教育中，教学是重中之重，我目前服务的外国语学院具有良好的文化传统，一直被誉为“苏北基础教育的摇篮”。培养优秀的师资，是我们长期的任务之一，我想称之为“优秀”的人既需要广博精深的专业素养，也需要具备贵族精神和担当精神，关心国家、社会等有关公共利益的事情。

而在多年教学过程中，印象比较深刻的是学生利用课堂的效果并不理想，积极参与和全身心投入不足，对课程的理解较为局限，学习目标并不十分明确，看待问题不够长远。课堂的有效性是个严肃的问题，学生、教师和大学决策层都应该深切地关注课堂。我们所处的时代对教学质量提出更高的要求。教师必须根据社会的要求，更新自己的教学理念，持久地思考和研究这一问题。

在外语学习和研究领域，众多学者提出不同见解，我认同“母语是外语学习的天花板”。想学好外语，首先需要把母语学好，因为我们用母语来思考和写作，母语能力就决定了外语能力。外语不仅具有工具性的一面，如可以通过外语考试获得学位、出国读书等，其更具有人文性特征，人类文明的发展与传播都与外语结下了不解之缘。学习外语的途径很多，我们可以通过有效地利用课堂来学习外语，也可以利用国外网站或者通过欣赏国外影视作品来学习，如迪士尼影视作品语言纯正优美，适合纠音。

大学的发展也赋予教师和青年学生科学研究的能力与责任。科研贵在坚持，既要有知识的储备，也需要方法论的指导，更需要宽广的视野和胸怀。多读书勤思考才有可能捕捉到学术前沿。对于研究生来说，读书做学问，既要仰望星空，又要脚踏实地。我一直提倡“一万小时”定律，功夫到了，目标达成就是自然而然的事情。在具体方法上，大量阅读是必要条件，同时需要不断地向导师和国内外学者请教研究方法，瞄准值得研究的问题，持续性地开展研究，注重国际视野和对比研究。真正的科研应该不是为了生存，而是给人类文明留点什么。清华大学薛其坤教授的经历就是最好的证明。

我始终认为大学能帮助我们找到内心的渴望或向往。教育的目的是启蒙，或者说是发现最好的自己，获得成功的最重要因素不是智力，不是学习成绩，更不是长相，而是Grit——坚毅，它是对长期目标的持续激情和持久耐力，是不忘初衷、专注投入、坚持不懈，是一种包涵了自我激励、自我约束和自我调整的性格特征。在大学阶段，学生需要科学规划自己的学业，珍惜无法复制的大学时光，寻找自己未来的生活目标和方向，为将来的学业成长和职业发展做好铺垫，为未来的生活做好准备。而在奋斗过程中学生也需要一种永不放弃的精神，把挫折和困难看成人生的财富，在挫折中获得人生的智慧。

文学来源于生活，又高于生活，学生应利用大学阶段大量阅读中外经典，因为经典作品能为我们提供人生智慧。读书的过程是成长的过程，是发现自我的过程，是培养思维方式的过程，多读书有助于批判性思维的养成。大学阶段的阅读应是一种批判性阅读，在阅读过程中形成自己独立判断的能力，在阅读的同时大学生还需要锻炼提出问题的能力，只有提出问题才能解决问题。我鼓励同学们继续深造，因为读书不仅仅是知识的积累、能力的提升，更是思维方式的培养。大部分人的发展和学历是成正比的，虽然学历不能代表所有，但至少能证明你是能坚持、有勇气的人。尊重内心的真实选择，做有价值的事情，明确自己的主要任务，不忘初心，方得始终。清华大学颜宁教授选择到普林斯顿大学工作一事在国内引起高度关注，颜宁用“居安思危”来解释，“换一种环境，是为了给自己一些新的压力，刺激自己获得灵感，希望能够在科学上取得新的突破”。而我还认为，她是始终尊重自己内心选择的人，是时刻超越自己的人。若是我们都能尊重自己内心的选择，“出走半生，归来仍是少年”，我们都能活出精彩，活出自己。

“研途”中师生与时偕行

王　帆

当言及在《论道》中写一篇文章，我内心是惶恐的，年轻的女教授、博士称号，带着一种模糊的“珍贵和荣誉感”，能弥补自身经验与学识的不足吗？我不禁追问自己：“我有什么可论？”

在此还是斗胆谈谈研究生的指导与教育，抛砖引玉。近年来我们总在辩论“教学与科研之间的冲突”，其实是把问题引向了错误的方向。实质在研究生层面，教学与科研的联系是密切的，因为研究型大学最大的成就是足够多的研究生教育、科研和科研训练，从对研究生的指导和教学中可以获得源源不断的科研动力，研究生群体业已成为大学可持续发展的科研生力军。那怎样培养有质量的研究生呢？每个老师有每个老师的风格，各人有各人的做法。但无外乎三个方面：学术规范、科研训练和论文撰写。

学术规范，包括师门规范、实验室规范、学科规范等，类似中国的一句古话，叫道德文章，一定要让学生先学做人，再讲做学问，将各种道德规范具体落在实处，而不是空泛的论调。不以规矩，不能成方圆。各种规范的树立，有利于研究生更快、更好地进入科研轨道，同时也利于管理学生，为建立良好师生关系打下坚实的基础。比如汇报的频率、地点、形式，养成各种良好的习惯。构建师生学习共同体独有的氛围，在共学、共事、共修养中潜移默化的助力研究生成长，规范有助于师生达成共识、共享、共进。

科研训练，“研”字当头，让科研热起来，突显研究生培养中的“研究”色彩，这里包括读文献、做实验、学术交流，参与各种科研项目等。科研训练可以培养学生严谨的科学作风，加强并提高学生的创新意识与创新能力，每种训练都有其独特的形态与功能。

科研训练可以分为三个层次：基础训练、提升训练、挑战训练。

基础训练主要指文献阅读与实验，是每个研究生的基本功。尤其是阅读文献，如何读？很多研究生即使毕业了也未必真正会阅读文献。首先，要用心，一字一句地认真阅读原文，老老实实地读；其次，读懂是必要的但不是最终目的。读文献要有自己的目标，想清楚要干什么，不是读完了就完结了。读文献的人很多，读很多文献的人也很多，但是读出个名堂的人可能不多。我有一个体会，读文献重在思考，这比阅读本身还重要，如果一个人不会思考，读文献的意义不大，最多就是多知道一点东西。知道东西的人很多，但能创新的人很少，所以一定要去想、要去思考。

提升训练，主要指各种学术交流，参加学术会议、学术沙龙、学术论坛，这些学术场域最重要的不是人在现场，而是全身心地投入和参与，尤其是参加讨论。讨论向来是一种最好的交流形式。提倡台上的人要认真讲，台下的人必须认真听，一定要做笔记。听很重要，讨论要听别人讲。如果讲的人有心，听的人无心，这样的学术场域就没意义了。鼓励学生在交流中发言，交流能力在当代已经成为一种必备的能力，研究生不仅需要学会埋头苦干，还要学会将自己的成果对外宣传，力求能够在很短的时间里把精华讲出来。尽管，几乎每个实验室或课题组都采用汇报的形式，但学术论坛之类要求学生做出更为系统、正规的报告，不仅要着意控制好时间，还要具备良好的临场发挥能力。在学术争论的自由王国里，争论的最终目的，也是最重要的，是要从对方吸取有利的东西，丰富和完善自己。

挑战训练，积极鼓励学生参与各种科研项目，这与做科研的流程及整体的思想脉络是一样的，但是不同的科研项目经验还是很不一样的。就我参加过的科研项目而言，主要得到的经验是：1. 首先要弄清楚、弄明白自己要做什么、怎么做，有什么难点，别人做的进展，能得到的预期结果等。2. 科研中遇到问题及时分析、及时探讨、及时解决，不要拖延。3. 搜索结果也就是数据，要深挖掘，多角度分析，将其间接表达的含义都能有力地表达出来，把故事讲好。科研成果三分工作、七分提升。即做一件事只花三分力气，但是最后要达到十分完美，还需七分提升。怎么提升？还是要回到基本功中。因此要鼓励学生去读东西，看别人的东西，自己思考，自己总结。

论文撰写是每个研究生获得学位的必由之路，学术论文要遵守标准规范，不能别出心裁，标准化写作是必须的。比如期刊论文要有标题、作者、单位，还要标出资助者，然后是中英文摘要，下面是引言，接着是正文，最后给出结论，文末是参考文献。论文需要反复修改，句子要非常简练，由于学生外语水平普遍提高，经常在中文中夹杂很多长句，不中不洋，非常拗口，一定要仔细修改。我指导学生写论文有三步：第一步，需要做好准备工作，主要是指做好我们的研究内容，始于广泛收集材料。材料一般分为两类，即理论材料和事实材料。理论材料可以到图书馆、资料室、理论性刊物、互联网上按分类目录查找。事实材料,可从图书报刊资料、自己亲身经历、他人工作经验、工作中的统计资料案例等中查找。有条件的可以亲自调查研究。收集材料多精选,要"去粗取精,去伪存真,由此及彼,由表及里"地认真研究。有人把它概括为:捕捉信息、鉴别信息、浓缩信息、存储信息。在这个过程中确立研究方法,这项工作是论文最重要的基础。第二步是师生共同讨论列提纲。列提纲的好处是,帮助树立全局观念,疏通思路,安排材料及组成合理的结构。拟定提纲过程中,为了把准备使用的材料组成一个层次清楚,有严密逻辑关系的理论体系,不仅会有大量的材料需要取舍、增删、调整,而且还要考虑论文的布局、观点与材料。提纲的写法有两种:一是标题写法,二是句子写法。无论哪种写法,都首先要拟定标题,论文的标题有两种类型:一是指示论点的标题,即把论点概括而形成的标题;一是指示课题的标题,即揭示研究的是什么的问题。学生不知道怎么写,没关系,帮他列出三级提纲,学生修改3～5遍,老师反复修改。可能我们讨论好了,提纲也列好了,范本也有了,等到学生执笔的时候还会变样。第三步,论文撰写期间定时汇报进度,督促学生按时完成任务,解决当中出现的问题,只要前两步做得扎实,第三步时老师会比较轻松。

与研究生一起前行的日子痛并快乐着,这项工作不仅任重道远,更要尽心竭力,要用一颗爱心与责任感才能完成这项使命,达至教有所成,不负众望。

涧户寂无人　纷纷开且落

方　艳

封建科举时代的读书人，十年寒窗苦读，以求一朝成名天下知，虽然幸运者寥寥，但还有可能实现。现在的读书人，从小学到博士，那是要读个二十年的。尤其是人文社会学科，可能有新知新解，但是想在短时间内有石破天惊的新发现，不说几乎没有可能，至少是比登蜀道还难。所以，绝大部分青年学者要忍受长期寂寞的积累摸索过程。在这个过程中，最幸运的事情莫过于遇到能给你指明方向，并且培养良好学术理念的老师们。

我的硕士阶段是在安徽师范大学读中国古代文学唐宋方向，带我的是如今早已是耄耋之年仍然勤耕不辍的刘学锴先生与三年前遽然仙逝的余恕诚先生，还有当时还是翩翩少年的胡传志先生。那还是20世纪90年代，学生少，三个老师三届加起来也就一共带了三个学生，老师们几乎是我们天天都会见到的。老师们有时吃过晚饭相约而来，和我们围坐在时时冒点臭气的荷花池边的石桌石凳上，侃侃而谈，循循善诱。回想起来，老师们当时不惜以“璞玉”相激励，我还是对考博无动于衷的情形恍如昨日。

为什么当年不肯考博呢，借口无非就是笨——“收学生，做学问，都不需要太聪明的。”老师的这句话，以前只觉得是给懒学生打的预防针，也是我到如今无所成就，但是一直不敢放弃的原因。可随着时间一年年地过去，我自己也带了一届又一届的学生，越来越觉得此言真真不谬。所谓“太聪明”的，只怕耐不住性子，坐不得冷板凳，能小成，难大成。就像希腊神话里说的，漂亮的阿佛洛狄忒和阿瑞斯整天忙着谈情说爱，只有丑得爹妈都嫌的瘸腿的赫淮斯托斯，兢兢业业地在那儿做弓箭，还有将那一对漂亮的人儿一网打尽的、福泽人类的渔网。做学问，当然要天赋，但最紧要的还是性情，如同惜春画大观园一般，须得安静从容，一样一样地慢慢画来。

当然，在高校里，刚毕业的时候，作为“青椒”的焦虑大家都有。要克服这种焦虑，依靠的一是眼界，二是信仰。

时下有个网络流行语叫作“人生赢家”，其涵盖也很简单粗暴，无非就是有房有车，有钱有娃。被这种简单固化的价值评判标准桎梏的现代中国人，活得没个人样子，很容易异化变形。流毒贻害，学术圈也未能幸免。若论近三十年读书人圈子里面最大的怪现象，莫过于所谓的“学术致富”。各种“诗外功夫”传说于文人学者之间，说者洋洋得意，听者怅然若失。这样的“学者”，即便是所谓的成果哗啦哗啦地流淌，世人若不辨，误以之为玉膏玉精，食之本望成仙，结果不是往生，也必将受其戕害，长成了思想贫乏的“大头娃娃”！

举个相反的例子。《红楼梦》里面有一回说，贾母带着刘姥姥和贾府一干家人逛园子，来到了林黛玉的潇湘馆，贾母因见窗上纱颜色旧了，便和王夫人说道：“这个纱，新糊上好看，过了后儿就不翠了。这院子里头又没有个桃杏树，这竹子已是绿的，再拿绿纱糊上，反倒不配……明儿给他把这窗上的换了。”一听贾母要给黛玉换窗纱，机灵的管家奶奶凤姐忙道:“昨儿我开库房,看见大板箱里还有好儿匹银红蝉翼纱……想来一定是好的。”贾母笑道:“呸! 人人都说你没有没经过没见过的,连这个纱还不能认得,明儿还说嘴。”贾母将那纱的缘由细细地解释,连薛姨妈都道:“别说凤丫头没见,连我也没听见过。”这里看出,众人之中,只有贾母的眼界高,表现在一是她经得多,认识广;二来不为外物所累。那般珍稀的软烟罗,贾母不仅让人拿去给黛玉糊窗子,又吩咐若再有,送给刘姥姥两匹。将那雨过天青的给自己做一个帐子。剩的配上里子,做些个夹坎肩儿给丫头们穿。”所谓“带点黯淡大家风”,有眼界才有心胸。

不由得想起当年刘邦入关中,妇女财货,一无所取的故事,无他,“此其志不在小”。不是非得说“一箪食,一瓢饮”,比如我们的收入,从以前的几千块到现在的一万多块,物质上当然是改善了,是好事情。青年学者很难毫不在意名利,但差不多就行了,不要陷得太深。读书人若太在意物质的享受,到底是恶趣味。无论是昌明的时世,还是恶浊的时世,心中有所秉持,有所固守,才能得大趣味、大快乐。而这固守与秉持的就是我们的学术信仰。

我于2004年来江苏师范大学工作,第二年,因为学校和院里领导的支持,破格出资委培,送我去中国社会科学院读博士。我学的是文学人类学,导师是叶舒宪先生。我们私底下常常说老先生像“教父”。老师是那种于日常生活无所要求的人,素食敝衣,自得其乐。然而,只要一说到“玉”呀“神”呀,神采飞扬,欣欣然不知其置身何处矣。从老师那里,我深深地感受到“有信仰的人是有福的”。这信仰有两个层面的内容。

一是对于学术研究，要目的纯正。人文社会科学的学者常常会有所质疑，自己所学，究竟于国于家何用？当然可以说无用之用，但今天的人文学者在强调其作为"经国之大业，不朽之能事"的文学创作与研究的社会功用时，总有那么一点底气不足。严格地说，今日文学的没落完全是自我边缘化的结果。人们常说一代有一代之文学，唐诗宋词元曲明清小说，以为这就是"文学"了。我也曾经有过很大的困惑，实际上，我一共换了四次专业，分别是：英语、古代文学、比较文学与世界文学、艺术学。其实，除却探索未知学术领域的热情兴趣，在这个看起来有点不专心的"姿态"背后，根本原因在于这几个学科之间的内在联系。从人类学的角度看，我一直是矢志不渝、专心致志地做自己感兴趣的那一件事而已：关注于"人类永恒回环往复的悲哀与快乐"，探寻其表达的原型模式。无所谓"文学""艺术""中国""世界"的间隔。从觉得找个空白的研究领域来填补是不可能的，到豁然开朗，再觉得有无限开拓的空间，只叹没有那么多的时间去完成，太美了，愿你暂留！

二是对自身学术成就，要有点"野心"。学术上，要做开拓之主，不只是守成之君，更不能做谄媚的王妃。王国维说古今成大事业者有三重境界。其实，对于每个从事学术研究的人，的确有两个困难时期。首先是在刚刚走上这条路的时候，要经历所谓的"间歇性踌躇满志，持续性自我否定"期，常常是"拔剑四顾心茫然"，当然，这种症状在多年后有可能逐渐减轻，乃至消除，假如你能够理清自己的学术思路，掌握自己的研究方法，甚而建构起自己的学术体系的话。其次，最难过的还是所谓瓶颈期。有句俗语叫作"望山跑死马"，你知道前方是光明的，但道路太过曲折，"欲渡黄河冰塞川，将登太行雪满山"，没有革命战士的顽强精神，难以期待成功，我亦没有经验，只能与诸君共勉哉。

总之，作为一个知识分子，尤其是人文知识分子，不论大小，总归还是要活得清新洒脱一些，尽管有时迷茫，有时困惑。但，总归是要有点情怀，有点理想，耐得住寂寞，守得住信仰，才能够眼无宿垢，心不蒙尘，才能够体会花开自在、四季轮回的美好。

英雄不论出身　不断超越自我

石　枫

一、在科研中坚持不懈地努力超越自我

说实话，我真的没有想到自己能够在四十岁之前破格晋升为教授，也没有想到能够获得江苏省杰出青年基金，这其实是超过了若干年前自己对自己的一个期望，有一种"超越自我"的感觉。回顾我的学习与工作经历，我深深地感受到"英雄不论出身"。我和许多荣获江苏省杰出青年基金的年轻教授相比，既不是"海归"，也不是出自名门，而是一个土生土长的江苏师大人。我的学士学位和硕士学位都是在江苏师范大学获得的，而且本科毕业之后先当了三年中学教师才考研攻读硕士学位，硕士研究生毕业了六年之后才攻读了苏州大学与中国科学技术大学联合培养的博士研究生。所以，我感觉自己并不像其他许多优秀的年轻学者一样——科班出身、留学归国，自己在科研的道路上其实走了许多弯路，最后才找到适合自己发展的道路。但是，回顾起来，这些弯路让我受益匪浅，懂得了珍惜机会和坚持不懈地努力以超越自我。

人除了要自己努力之外，遇到伯乐一样的师长，也是非常重要的。我硕士研究生毕业之后，就留在江苏师大当了一名助教。当时，在工作上没有太大的目标，甚至学院统计未来进修读博计划时，我根本就

不想出去读博士，就想过比较安逸的生活。所幸的是，我遇到了屠树江老师，他让我进他的课题组，帮助指导研究生、写文章。其实当时我指导不了什么，因为我读硕士期间的研究方向与屠老师课题组的科研方向差别很大，又不好意思向研究生请教。可以说，那几年我非常自卑，也觉得自己没有什么发展前途了。但是，我内心深处潜藏的那种斗志终于被激发了出来，我意识到只有自己学到真才实学，自己有真本领，才能得到别人的尊重，才能有自己的社会地位。所以，在江苏师大安逸了几年之后，也在屠老师的鼓励之下，我终于下定决心读博士。于是，2010 年，我 34 岁才去攻读博士，但这成了我人生的重要转折点。

我深知脱产攻读博士学位的机会来之不易，所以读博期间我奋发努力地去学习，去从事科研工作，珍惜这样宝贵的时间和难得的机会。每天工作 15 个小时，周末从不休息，也没有寒暑假，但我干劲十足，因为我知道博士研究生阶段是积累知识、经验和能量的时候，是我打翻身仗的关键时期，绝不是休息和享受的时候。有时候，做实验居然忘记了时间，忙到中午快两点才去吃午饭；有时候，做实验忙到连喝口水、上卫生间的空都没有。一分耕耘，一分收获，通过坚持不懈的努力，我两年就完成了博士四年要做的任务，第三年就赴新加坡南洋理工大学从事访问学者工作，并申请提前毕业。所以，2013 年我就学成归来，回到母校工作。这成了新的起点，我带着研究生建实验室、做实验，周末和寒暑假加班加点做科研，身先士卒，激励学生，终于带着学生取得了一系列高水平的成果，也培养出了一批批优秀的学生。

我于 2013 年入选江苏省“333 高层次人才培养工程”项目，2013 年获得国家自然科学基金面上项目，2014 年入选江苏省高校“青蓝工程”中青年学术带头人，2015 年入选江苏师大国家杰青后备人选，同年破格晋升为教授，2016 年荣获江苏省杰出青年基金。别人都说我在“爆发”，在“井喷”，其实我知道这是多年的积累与经受挫折打击之后的奋发。所以，现在我仍然有自己的目标，人不能失去目标，否则就没有了方向，生活也不觉得精彩。

我认为，人生是一场长期的赛跑，不必在意一时的成败，只要有乐观的心态、健康的体魄、坚持不懈的努力，你就会是人生的赢家。但是，输赢或成败其实是自己定义的，并不完全是和别人比较，而是自己与自己比较，是否超越了自己，是否不断地努力朝着自己的目标前进。所以，人生的长跑中，有时可能领先，有时可能落后，但只要有一种不甘落后的精神，有一种斗志，有一个目标，你就能超越自己，成为生活的强者。在这过程中，心态、健康、努力，一个都不能少。

二、在教学中努力成为学生的人生导师

跟科研中取得令人兴奋的新发现和新成果相比，更让我觉得兴奋和欣慰的是——能够给学生的发展道路指明方向，成为他们人生的导师。老师不仅要传授知识，更重要的是要教会学生如何面对人生道路上的挫折和失败。所以，我在对本科生的教学过程中，经常贯穿着这方面的教育，现身说法来鼓励他们树立信心，通过持之以恒的努力实现自己的目标。我经常告诉学生，人在工作、学习和生活中，心态、健康、努力，一个都不能少。尤其是面对失败、挫折和压力时心态非常重要。不要有太多压力，学会把压力变成动力。要有自信，经常鼓励自己，每个人都有闪光点，所以不要觉得自己不如别人，要做最好的自己，这是最重要的。如果自己尽力做了一件事，不管成败，都问心无愧，就不觉得遗憾。面对学习工作和生活，要乐观开朗，积极向上，同时要心态平和。除了课堂教学之外，我还鼓励本科生多从事科研创新活动，为将来进一步读研深造打下坚实的基础，指导本科生以第一作者在SCI一区、TOP和二区刊物上共发表学术论文14篇，荣获"挑战杯"全国大学生课外科技作品竞赛二等奖，2名学生被保送到中科院上海有机所和华东师范大学攻读硕博连读研究生。

在对研究生的培养中，我的培养理念是把每一个学生都培养成优秀的学生、同龄人中的佼佼者，不放弃任何一个学生。我告诉他们："英雄不论出身，无论你过去基础如何，无论你来自哪个学校，只要你努力、认真、肯干，我相信通过大家的共同努力，你的硕士三年一定会有非常大的收获，甚至成为你人生的一个重要转折点。如果你相信我，也相信你自己，那就跟着我一起努力吧。一分耕耘，一分收获，美好的前程在等着你去争取。"所以，我一方面在学业上对他们严格要求，另一方面在生活上对他们关怀帮助。同时，鼓励他们尽早树立攻读博士的目标，让他们相信自己并不比985或211院校的学生差，只要有坚持不懈的努力，就能做出优秀的科研成果。在我的鼓励之下，两届毕业研究生中就有5人分别到南京大学、中国科学技术大学、华东师范大学等重点院校的知名课题组攻读博士学位，先后有7名学生荣获研究生国家奖学金。

其实，不仅我激励着学生，学生的努力也反过来激励着我，我和学生就像是同一个战壕里的战友，互相勉励，共同前进。

总有一扇门为你打开

赵鹭明

人的一生很短暂，白驹过隙，转眼已经不惑。作为一个从本科、硕士、博士、博士后、教师一路走来不曾离开大学的资深理工男，就我个人的成长体会，和同学们分享一些学习的心得，希望能对同学们有所帮助。

生活就像是不停地打开走道上的一扇扇大门，进入之后再去打开那扇门之后的其他大门。我们不知道门后头有什么，我们也不确定我们能否打开那一扇门。当打不开门的时候，或者当门开到一半因为某种外力作用又关上的时候，我们应该怎么办？

我的本科同学有 30 人，所学的专业是工程物理，也就是“核物理”。入学 20 周年聚会时，发现从事本专业的就剩下一人，其他人都转行了，包括我自己。而且转行的同学所从事的专业五花八门，有做汽车销售的，有做编辑的，有做动画设计的，还有开贸易公司的。但同学们都做得还不错。所谓的转行，其实也就是在不停地开门，开不同的门，走不同的路。转行靠的是什么？转行了有所作为靠的是什么？靠的是我们在大学阶段获得的自主学习的能力，通过本科四年的学习，我们善于总结规律，善于发现问题，富有创新思维，敢于打破常规。这些，是受益终身的大学教育给予我们的财富。也是我们敢于开不同门的凭仗。总结过往，我归纳三点如下：

一、法乎其上，天道酬勤

我的本科是在俗称“五道口职业技术学校”的清华大学上的。凭借高中阶段的勤奋努力，我骄傲地迈入了清华园。入学后的第一场摸底考试，我考了个全班倒数第三。在牛人林立的“牛棚”里，我学会的第一件事是对自己的定位：一切从零开始。同时也给自己定下了目标：先超过全班倒数第四，进而超过倒数第五，逐步上升。在学霸成堆的清华大学，想要实现逆袭，只有不断的自我学习和加码。天道酬勤，虽然乌龟慢爬，但终于在大三迈进前十的行列。趁着教育部改革学制，实行 4+3 试点的机会，我选择了留校保研，继续攻读硕士学位。

当“第一”的大门关闭时，我选择试着开启另一扇门，开启自我救赎之路，最终走上我热爱的科研、创新之路。所以，法乎其上，很重要！天道酬勤，必须的！

二、预则立，不预则废

在清华，研究生的首选出路是出国深造，我也不落俗套地加入了求学的大军，在进行科研的同时准备各种出国考试和相关申请材料。基于较好的科研成果，我顺利地拿到了奖学金中的最高级别——Fellowship。但由于国际环境：当时是 911 恐怖袭击的第二年，美国全面收紧了学生签证，虽然我拿到了新泽西州立大学的全额奖学金，但两次签证都被拒签。留学之路宣告失败，同学毕业各奔前程，看着同学们高高兴兴地毕业进入新的工作单位，难过、迷茫、困惑纷至沓来。最终，性格中的乐观和坚韧帮助了我，自我重新定位，在寻找其他工作机会的同时，也重启留学申请。很快我获得了新加坡南洋理工大学的全额奖学金，实现了我的留学梦想，并先后在新加坡、香港和美国等国家和地区从事博士后研究工作，最终来到了江苏师范大学工作。

当“留学美国”的大门关闭时，我选择了另外一条道路，在前期积累的基础上，重新开始。所以，凡事都需有计划，准备了，即使计划有变，也能从容应对。

三、历经坎坷，圆满人生

人生总有起起落落，不要以为未来是一马平川或一潭死水，生活永远存在着变数。刚跨入南洋理工大学的校门，我发现沾了“清华”的光，因为之前来的人不多，学生少、老师多的客观情况，再加上清华的牌子，我居然可以随便挑导师。经过精挑细选，我选择了一位新加坡华人做导师，导师毕业于加拿大名校，美国光学学会会士。安排我从事的是激光医疗方向，无论是科研还是应用，都是当时的前沿方向。做了半年的调研准备工作，正打算甩开膀子加油干的时候，突然收到学院通知：导师即将退休，请联系其他导师继续科研。后来才知道导师得了急性癌症，带不了学生了。

南洋理工大学当时执行的是英制学制，三年博士毕业。换导师是可以的，但总的博士培养时间不变，时间到了，没有相应成果，连结业证都没有。而且按照培养流程，在第一年结束时有一个博士生资格考试，考试以口头汇报为主，但考官会结合你的科研成果来判定你是否有资格继续学业。

现实把我挤到了背水一战的境地。面对现实，重新开始，结合之前研究生阶段的基础，我重新选择新的研究方向，换了一位导师，努力投入科研。经过四个月没日没夜的辛劳，终于在博士生资格考试前搞定了一篇文章，顺利通过资格考试，延续了我的科研之路。

回首过往的二十年，我发现面对困难时需要冷静应对，面对坎坷时需要从容不迫，要有意识地保持乐观开朗的情绪，培养平和包容的性格，谦虚谨慎，与人为善。以平常心，度平常日，待不平常事。

"自助者，天助之"，总有一扇门为你打开。不止傅园慧，任何人都拥有成功成才的洪荒之力！

如何让文学课程更具“文学性”?

吕靖波

大学诸多课程中，文学课似乎是很好上的。其自身即包含了丰富多彩的优秀作品，令人神往者有之，诙谐幽默者有之，发人深省者亦有之，教师只要将生动如许的内容展示于讲堂，授课就成功了，这难道不是一件简单的事？然而，文学课其实又没那么好上。正因为广大学生对“文学”所抱有的期待视野，它便容不得半点平庸的思想与任何干枯的语言，一节平淡无奇、让听者欠伸的文学课，理所当然地会被视为失败。相对而言，一些大学课程的学科属性则允许它们可以按部就班、平铺直叙地进行而不会受到太多的苛责。但是，文学课终究不是百听不厌的音乐和扣人心弦的美剧，要想时刻抓住学生的眼球与心灵，谈何容易？所以，我们能做的是让文学课更具“文学性”。

在过去相当长的时间内，汉语言文学专业的文学课程过分注重概念的介绍、“史”的描述，甚至太过强调所谓“知人论世”了，往往忽视了对文学作品本身的解读。这其中既有历史的原因，惯性一时难以纠正。同时，不可否认，部分教师主观上的惰性也起到了推波助澜的作用。毕竟，相比作品的品鉴，文学史知识的灌输无疑省心省力得多。这种有意无意的漠视，使得原本最鲜活的文学作品，却成了文学史乏味的注脚。其实，从古至今，文学的发展是鲜有规律可循的，有哪部伟大的作品是“规律”的产物？又有哪位伟大的作家是“规律”造就的？种种的不确定性恰恰是文学的独特魅力之所在。与其削足适履地总结、传授所谓的文学发展规律，不如更多地引领学生去关注和感知作品本体。

与别的文学课相较，古代文学又有其特殊性，它以文言文和古代白话文为载体，对于今天缺乏此方面阅读训练的大学生而言，这样的文本形态时常会造成理解上的障碍，导致无法充分领略作品的魅力。作为教师，正需要在文本细读尤其是经典文本的细读上多给予恰当的指导，通过鞭辟入里的讲解和细致绵密的分析，让学生徜徉在典雅精致的形式与深刻隽永的内涵之中，这也是让古代文学课更具“文学性”的有效途径。那些脱离文本的空洞赞美，对于赏鉴能力的提高是没有太多助益的。

“文学性”的实现需以文本解读为基础，同时还要依赖于对学生的感染力，而欲达此鹄的，教师就得把自己在作品中所体验过的感情传达给他们。这个过程一定是真诚的，不能有丝毫的虚情假意，无论是热爱还是憎恶，都是发自内心的。唯有如此，学生才能真切地感同身受，也才能在这样一个文学渐行渐远的时代让人停下来思考，让那些诗词文赋继续叩击青春的课堂而不再离场。有的作品虽然在时空上远离当下，但不曾因为历史悠久而散发腐气，授课教师更不必以“老夫子”自居，再厚重的内容也不必非以“厚重”的方式来呈现。文学课的教学可以甚至必须有举重若轻的幽默感，林语堂说过：“没有幽默滋润的国民，其文化必日趋虚伪，生活必日趋欺诈，思想必日趋迂腐，文学必日趋干枯，而人的心灵必日趋顽固。”我们要让学生懂得幽默，懂得本真,懂得自嘲,懂得“笑对人生”,懂得许多“庄严”背后的虚妄,一个幽默的民族才能更加进步、更加健康,这不是文学课程所能够一力承载的,却是可以贡献一己之力的。

“文学性”是文学课的外在标识,更是其内在要求。一节富有“文学性”的课堂内容如同优秀的叙事作品,有悬念、发展、高潮、煞尾,甚至有余波;一节富有“文学性”的课堂内容也如同抒情作品,传达和宣泄忧伤、悲愤、喜悦乃至灵魂的战栗。成功的文学课,是点燃生命的火焰,是藉优秀的作品提供给学生人文精神价值观,是引导他们过一种有意义的生活,并不断进入更高的人生境界,从“有我”兼及“无我”,从“小我”走向“大我”。每一位教师都应该秉着“虽不能至,然心向往之”的教学态度,将那些历久弥新的历代文学作品变成学生心中真正的财富。

志存高远，稳步前行

刘　伟

从事科学研究工作，我自己仍然是一名“新兵”，实在没有很多的经验可言。我是学数学的，曾经看过一些国内著名数学家关于治学科研方面的经验总结，印象比较深的有华罗庚先生、严加安先生和陈木法先生等人撰写的相关文章，总结分享了他们数十年从事科研工作的治学体会，推荐有兴趣的同学找来认真品读，一定会有所收获。下面我就谈几点个人的体会，供同学们参考。

一、选好研究方向和研究课题

从事科学研究工作需要热情，更需要持久的热忱。在科学领域，成功的科学家几乎没有一个不是辛劳的耕耘者。唯有持久热忱所支持着的不断努力，才是能有所成就的可靠保证。孔子曰：“知之者不如好之者，好之者不如乐之者。”所以选择一个自己喜欢和感兴趣的研究方向非常重要，如果自己对所研究的问题都兴趣不高，恐怕很难有持续的动力支撑自己在科研道路上稳步前行。当然，对于刚开始读研究生或准备读研究生的同学，对于自己究竟喜欢什么样的研究方向可能会有些迷茫。我很认同陈木法先生的观点，他认为“好的研究方向的基本要求是背景清楚，有生命力，且需要具备以下三要素之一：或在本学科中有重要地位，或与其他学科有重要联系，或有很多应用。”所以同学们可以结合自己的研究基础和兴趣，也可以请教本学科一些高水平的老师，帮助自己选择一个适合自己的好的研究方向。

确定了研究方向，接下来就是如何选择研究的课题。严加安先生曾经在跟研究生谈如何选题的时候说过："一个便捷的方法是阅读你所在研究领域由领军人物写的综述性文章，从中了解该领域的研究现状、已有的重要工作和尚未解决的问题，然后再进一步研读那些具有原创性成果的重要文献。选题时要敢于冒风险，要瞄准那些有挑战性的问题。"陈木法先生在他的文章里也提到："选方向和课题的方法之一是向大师学习。学习他们的著作，并力争加以改进。这样做不仅可以锻炼自己的能力和才干，也能了解他们的选题手法，有诸多益处。"而且他特别指出："并非所有热门的方向和课题都重要。有不少学科，其热门方向的寿命很短，有些几年前的所谓热门课题，现在再做研究可能连发表的地方都没有。"所以同学们在选题的时候要多读一些本领域大师的著作，选择一些具有重要意义的问题去做，当然也要结合自己的研究基础，可以先从一些力所能及的问题做起，逐渐朝着自己的研究目标迈进。这个阶段老师的作用也很重要，可以将自己感兴趣的问题与本领域的一些老师讨论，看看这些问题是否值得研究或者是否可行。

二、打好基础，练好基本功

所谓"工欲善其事，先必利其器"，毫无疑问，要想在科学研究上做出好的成果，打好基础、练好基本功当然是很重要的。但是准备从事科学研究工作的人总会问：到底需要怎样的基础？华罗庚先生曾经谈过这个问题："如果我们笼统地回答说，基础愈大愈好，是不解决问题的，因为很有可能搞了一生的基础，而基础还未打好。所以我们必须有一个具体标准，而又必须给它以充分发展的可能性。关于基础的具体标准，我认为就是以大学毕业生的专业知识要求自己，但是切不要局限住自己，应当在专业研究的时候逐步扩大眼界，逐步扩大基础，以备在更大的基础上建立起更高的宝塔。”陈木法先生也曾谈到这个问题：“所谓基础，分为专业基础和课题基础两部分。我们经常遇到这一问题，因为每开一个新题目，就得阅读一批文献。只不过越走越宽一些，并不是一辈子只打基础。在基础问题上，常有专与博之争论，究竟专一些好还是博一些好。我的看法是以专为主，能博则博之，量力而为。还是要在一个专业、一个课题上搞深、搞透，再转到别的地方去。有了点上的成功经验再向面上推广，叫作由点到面，从点开始。点即是根据地，总要有自己的根据地。”

研究的基础确实很难有一个统一的标准和界限。我自己的体会是和自己研究直接相关的专业知识要尽量多花时间深入学习，理解透彻，在研究过程中涉及其他的相关知识可以边做边学，需要什么补什么。我想特别强调一下要重视专业基本功的训练，做研究切不可眼高手低。很多一开始看似很复杂和很困难的问题，等你解决之后再回过头来看，往往化繁为简最关键的点就是一些基础性问题的解决。

三、独立思考，力求创新

华罗庚先生曾经讲过科学研究的四个境界，我觉得十分的形象和贴切：“1. 照葫芦画瓢地模仿。模仿性的工作，实际上就等于做一个习题。当然，做习题是必要的，但是一辈子做习题而无创新又有什么意思呢？ 2. 利用成法解决几个新问题。这个比前面就进了一步，但是我们在这个问题上也应区别一下。直接利用成法也和做习题差不多，而利用成法，又通过一些修改，这就走上搞科学研究的道路了。3. 创造方法，解决问题，这就更进了一步。创造方法是一个重要的转折，是自己能力提高的重要表现。4. 开辟方向，这就更高了，开辟了一个方向，可以让后人做上几十年，成百年。这对科学的发展来讲就是有贡献。”

科学研究要有创新，我觉得培养独立思考的能力非常重要。历史上任何一个重要的科学发现和创造，都是和发现创造者独立地深入地看问题的方法分不开的。因为只有如此，才能超越成规，深入事物本质，独辟蹊径，发现新的结论。当然独立思考绝不是说不需要学习前人的知识与方法，这样很可能会重复别人已走过的失败的道路，白费精力。强调独立思考也不意味着不需要老师的指导。好的导师有很多成功和失败的经验，特别是在刚开始从事科研工作的阶段，好的导师能为你指明方向，提供宝贵的经验，使你避免走很多弯路。宋朝大文学家苏轼有句名言：“博观而约取，厚积而薄发”。所以从事科研工作既要多学习前人的知识与成果，学习他们的方法和经验，又不能拘泥于此。当我们所研究的问题不能用以往的方法来解决的时候，就需要我们发挥突破前人成规的独立思考能力，创造新的方法。

另外，从事科研工作不应只追求“短平快”，更应该看重研究成果的质量和意义。华罗庚先生曾经针对这一问题语重心长地说：“要有速度，更要有加速度。”所谓“速度”是要出成果，所谓“加速度”是成果的质量要不断提高。严加安先生也说过他做科研的座右铭：“不求著作等身，但企文章久远”。就是不追求文章的数量和篇幅，而注重文章的质量，力求对有关研究领域做出实质性的贡献。

最后，引用严加安院士的一首《七绝：寄语青年学子》，与大家共勉：花可重开旧日枝，人无再返少年时。劝君岁月休辜负，莫待白头悔悟迟。希望有志于从事科研工作的同学们能在未来科学研究的道路上志存高远，稳步前行！

后　记

“大学之道，在明明德，在亲民，在止于至善”，对于“大学之道”的不懈追求和积极践行，是高校立德树人的重要组成部分，近期陆续出版的《问道》《论道》《弘道》系列丛书正是江苏师范大学在积极践行立德树人方面交出的师大答卷。作为该丛书的重要组成部分，《论道》由江苏师范大学优秀教师集体写就，聚焦为人、治学、为师之道，是师大精神的重要彰显，也是师大文化的积淀传承。

自2015年元旦起，征集的稿件陆续刊登在《江苏师范大学报》和江苏师范大学关心下一代工作委员会官网，在全校广大师生中引起良好反响。现在《论道》集结出版，凡六十篇，十四万余字，将继续感召激励更多师大人奋勇前行。本书作者年龄覆盖范围广泛，有白发苍苍仍笔耕不辍的老教师，也有各条战线领军奋进的中年教师，以及锐意进取在教学科研一线的青年教师；作者学科专业层次丰富，涵盖文、理、工、艺术、体育等多个门类，汇聚了各个学院的精英骨干；文章内容丰富多样，从师德师风建设到师范人才培养，从读书治学心得到科研创新体会，从实用教材编写到文化传承创新……这本书将为师大人提供更多治学从教的有效指导和经验借鉴。

在本书约稿、编辑、校对过程中，老师们高度负责的敬业精神、一丝不苟的认真态度给编辑组留下深刻印象，他们用实际行动贯彻落实“大学之道”的精神内涵。退休老教师们对这本书的出版提供了尤其大的支持，有的老教师病后初愈，仍亲自三校其稿；有的不畏腿脚不便，婉拒编辑上门服务，坐公共汽车来编辑部送稿，当面说明修改原因；有的身在远方，写来手札、打来电话，对编辑工作表示鼓励……这种以德立身、严谨治学的精神，令人肃然起敬，立生见贤思齐之心，是师大无形的宝贵财富，需要师大人不断学习和传承下去。

启功先生于1995年为我校题词：“学高人之师，身正人之范”，不仅道出了我校“师范”传统的精髓，也是对“师大人”的绝佳注脚。江苏师大一直高度重视高素质的教师队伍建设，尤其注重有理想信念、有道德情操、有扎实学识、有仁爱之心“四有”好老师的培育与宣传。而《论道》就是我校优秀教师群体集体写就的作品，是“崇德厚学，励志敏行”校训的自然外化，是“守正出新，坚志勇为”校园精神的重要彰显，也是文以载道，以文化人工作思路的生动体现。可以说该书的出版恰逢其时，使命重大。

大道之行，止于至善。《论道》的出版只是起点，下面我们将努力联系更多师大优秀教师，将他们的思想火花和真知灼见汇聚起来，汇聚璀璨星火，照亮学校砥砺前行的道路。

编　者

2018年5月